舞台上的智者

世界伟大哲学家

《中国大百科全书》青少年拓展阅读版编委会　编

中国大百科全书出版社

图书在版编目（CIP）数据

舞台上的智者·世界伟大哲学家 /《中国大百科全书》青少年拓展阅读版编委会编 . --北京：中国大百科全书出版社，2019.9
（中国大百科全书：青少年拓展阅读版）
ISBN 978-7-5202-0590-0

Ⅰ.①舞… Ⅱ.①中 … Ⅲ.①哲学家—生平事迹—世界—青少年读物
Ⅳ.① K815.1-49

中国版本图书馆 CIP 数据核字（2019）第 208814 号

出 版 人	刘国辉
策划编辑	李默耘　程　园
责任编辑	李默耘
封面设计	WONDERLAND Book design　仙境 QQ:344581934
责任印制	李　鹏
出版发行	中国大百科全书出版社
地　　址	北京阜成门北大街 17 号
邮　　编	100037
网　　址	http://www.ecph.com.cn
电　　话	010-68341984
印　　刷	蠡县天德印务有限公司
开　　本	710 毫米 ×1000 毫米　1/16
字　　数	117 千字
印　　张	9
版　　次	2019 年 9 月第 1 版
印　　次	2020 年 1 月第 1 次印刷
定　　价	36.00 元

本书如有印装质量问题，请与出版社联系调换

序

百科全书（encyclopedia）是概要介绍人类一切门类知识或某一门类知识的工具书。现代百科全书的编纂是西方启蒙运动的先声，但百科全书的现代定义实际上源自人类文明的早期发展方式：注重知识的分类归纳和扩展积累。对知识的分类归纳关乎人类如何认识所处身的世界，所谓"辨其品类""命之以名"，正是人类对日月星辰、草木鸟兽等万事万象基于自我理解的创造性认识，人类从而建立起对应于物质世界的意识世界。而对知识的扩展积累，则体现出在社会的不断发展中人类主体对信息广博性的不竭追求，以及现代科学观念对知识更为深入的秩序性建构。这种广博系统的知识体系，是一个国家和一个时代科学文化高度发展的标志。

中国古代类书众多，但现代意义上的百科全书事业开创于1978年，中国大百科全书出版社的成立即肇基于此。百科社在党中央、国务院的高度重视和支持下，于 1993 年出版了《中国大百科全书》（第一版）（74 卷），这是中国第一套按学科分卷的大百科全书，结束了中国没有自己的百科全书的历史；2009 年又推出了《中国大百科全书》（第二版）（32 卷），这是中国第一部采用汉语拼音为序、与国际惯例接轨的现代综合性百科全书。两版百科全书用时三十年，先后共有三万多名各学科各领域最具代表性的专家学者参与其中。目前，中国大百科全书出版社继续致力于《中国大百科全书》（第三版）这一数字化时代新型百科全书的编纂工作，努力构建基于信息化技术和互联网，进行知识生产、分发和传播的国家大型公共知识服务平台。

从图书纸质媒介到公共知识平台，这一介质与观念的变化折射出知识在当代的流动性、开放性、分享性，而努力为普通人提供整全清晰的知识脉络和日常应用的资料检索之需，正愈加成为传统百科全书走出图书馆、服务不同层级阅读人群的现实要求与自我期待。

《〈中国大百科全书〉青少年拓展阅读版》正是在这样的期待中应运而生的。本套丛书依据《中国大百科全书》（第一版）及《中国大百科全书》（第二版）内容编选，在强调知识内容权威准确的同时力图实现服务的分众化，为青少年拓展阅读提供一套真正的校园版百科全书。丛书首先参照学校教育中的学科划分确定知识领域，然后在各类知识领域中梳理不同知识脉络作为分册依据，使各册的条目更紧密地结合学校课程与考纲的设置，并侧重编选对于青少年来说更为基础性和实用性的条目。同时，在条目中插入便于理解的图片资料，增加阅读的丰富性与趣味性；封面装帧也尽量避免传统百科全书"高大上"的严肃面孔，设计更为青少年所喜爱的阅读风格，为百科知识向未来新人的分享与传递创造更多的条件。

百科全书是蔚为壮观、意义深远的国家知识工程，其不仅要体现当代中国学术积累的厚度与知识创新的前沿，更要做好为未来中国培育人才、启迪智慧、普及科学、传承文化、弘扬精神的工作。《〈中国大百科全书〉青少年拓展阅读版》愿做从百科全书大海中取水育苗的"知识搬运工"，为中国少年睿智卓识的迸发尽心竭力。

本书编委会

2019 年 9 月

目 录

苏格拉底

古希腊唯心主义哲学家。

生平 苏格拉底生于雅典一个普通公民的家庭，卒于雅典。据说他父亲是石匠，母亲是助产婆。他早年继承父业，从事雕刻石像的工作，后来研究哲学。他在雅典和当时的许多智者辩论哲学问题，主要是关于伦理道德以及教育、政治方面的问题。当时有人将他看作是智者，但他自认为和智者不同，智者是以各种虚假的知识教授青年，而他所要寻求的则是真正的知识。他被认为是当时最有智慧的人。作为公民，他曾3次参军作战，在战争中表现得顽强勇敢。他曾在雅典公民大会中担任过陪审官，在任上他不顾众人的反对，否决过对6位将军的不正义的判决。"三十僭主"复辟时，他曾拒绝和他们合作。在雅典恢复奴隶主民主制后，苏格拉底被控，以藐视传统宗教、引进新神、败坏青年和反对民主等罪名被判处死刑。他拒绝了朋友和学生要他乞求赦免和外出逃亡的建议，饮鸩而死。在欧洲文化史上，他一直被看作是为追求真理而死的圣人，几乎与孔子在中国历史上所占的地位相同。

苏格拉底本人没有写过什么著作。他的行为和学说，主要是通过他的学生柏拉图和克塞诺芬尼的著作记载流传下来。克塞诺芬尼的《回忆录》中，将苏格拉底说成是一个道德高尚、助人为乐、遵守法律、有实际事务主张的好公民，对他的哲学思想则几乎没有谈到。在柏拉图的对话中，《申辩篇》、《克里多篇》和《斐多篇》直接叙述了苏格拉底被审判时的自辩以至服毒前的谈话；他的其他早、中期的对话，也都以苏格拉底作为主要对话者，阐述各种哲学思想。此外，和苏格拉底同时的诗人阿里斯托芬在他的喜剧《云》中，还将苏格拉底描写成一个智者，以诡辩和谎言欺骗青年。但一般都认为这只是一种艺术创造，不是真实历史。

关于苏格拉底的生平和学说，

由于从古代以来就有各种不同的记载和说法，一直是学术界讨论最多的一个问题。

首先，对柏拉图和克塞诺芬尼的记载，究竟哪个可靠的问题。西方学者有的倾向于柏拉图，肯定传统哲学史家对苏格拉底所做的评价，认为他是伟大的哲学家；有的倾向于克塞诺芬尼，认为苏格拉底只是一个道德家，而非哲学家。这两种看法现在还在继续争论。其次，在柏拉图对话中所叙述的哲学思想，有些是苏格拉底原来的思想，有些则是柏拉图自己的思想，不过是借苏格拉底之口加以阐述和发挥而已。在柏拉图的对话中，很难将柏拉图的思想和苏格拉底的思想区别开来。现在，许多学者是以柏拉图早期以及部分中期的对话，并根据亚里士多德的记载，将讨论到的伦理道德和有关知识问题的内容，当作苏格拉底的哲学思想。

哲学思想　苏格拉底的哲学思想主要体现在以下几个方面：

心灵的转向　从智者开始，古希腊哲学由注重对自然本身的研究转变到注重对社会伦理和人的研究。但他们只停留在感性的阶段，只能得出相对主义的结论。到苏格拉底才根本改变了这种状况。柏拉图在《斐多篇》中介绍说，苏格拉底早年也研究过自然哲学，但当这种研究无法帮助他解释自然现象背后的原因时，他就感到迷惑和不满足。后来听到阿那克萨戈拉讲"奴斯"，觉得很高兴。但研究阿那克萨戈拉的著作以后，发现他在解释具体的自然现象时又放弃了奴斯，仍用物质作机械的解释。这样，苏格拉底要求作"心灵的转向"，把哲学从研究自然转向研究自我，即后来人们常说的将哲学从天上拉回

到人间。

根据《申辩篇》中记载苏格拉底的自述，他发现自我的途径是与追求真知识分不开的。他指出，当时许多自认为最有知识的人实际上并没有真正的知识，他们的知识都是经不起诘难讨论的；而苏格拉底之所以能比他们强，不是因为他有知识，而是因为他承认自己无知识。"自知其无知"这段自述的哲学意义在于：他对前人发现的感觉和认识的不确定性，有了进一步的认识，即要求从不确定性中去寻求确定性，他认为这种不变的、确定的、永恒的真理，不能求诸自然外界，而要返求于己，研究自我。从苏格拉底开始，自我和自然明显地区别开来；人不再仅仅是自然的一部分，而是和自然不同的另一种独特的实体。

灵魂不灭说　苏格拉底关于灵魂的学说，进一步使精神和物质的分化明朗起来。苏格拉底以前的哲学家，早已有灵魂不灭的说法。但对于灵魂的看法比较模糊，有的还将灵魂看成是最精细的物质。到苏格拉底才明确地将灵魂看成是与物质有本质不同的精神实体。在苏格拉底看来，事物的产生与灭亡，不过是某种东西的聚合和分散。肉体是"多"，它是可以聚合和分解的；而灵魂是"一"，是单一的东西，没有部分，不能分散，因而也无所谓聚合，所以灵魂不会生灭，它永恒存在。这种单一性的东西，不是物质性的"原子"，而是精神性的实体。苏格拉底将精神和物质这样明确对立起来，成为西方哲学史上唯心主义哲学的奠基人。

寻求事物的普遍定义　据亚里士多德记载，苏格拉底放弃了对自然世界的研究，想在伦理问题上求得普遍真理，开始为事物寻求定义。他反对智者们的相对主义，认为"意见"可以有各种各样，"真理"却只能有一个；"意见"可以随个人以及其他条件而变化，"真理"却是永恒的，不变的。在柏拉图早期对话中，讨论的主题几乎都是如何为伦理道德下定义的问题，如什么是勇敢，什么是美，什么是正义等。对话者都以这种和那种特殊的事例来回答，皆被苏格拉底所否定。他说，我不是要你回答这一种美或者那一种美，而是要你说明美之所以为美，即美自身。所以，苏格拉底所追求的，不是关于"美的事物""正义的事物"这类具体的知识，而是要求认识"美自身""正义自身"，这是美和正义的普遍定义，是真正的知识。苏格拉底所寻求的"美自身""正义自身"，也就是柏拉图所说的"美的理念""正义的理念"。这是西方哲学史上"理念论"的最初形式。

苏格拉底还进一步指出，自然界的因果系列是无穷无尽的，如果哲学只去寻求这种因果，就不可能认识事物的最终原因。他认为事物的最终原因是"善"，这就是事物的目的性。他以目的论代替了对事物因果关系的研究，为以后的唯心主义哲学开辟了道路。

助产术和揭露矛盾的辩证法　苏格拉底承认他自己本来没有知识，而他又要教授别人知识。这个矛盾，他是这样解决的：这些知识并不是由他灌输给人的，而是人们原来已经具有的；人们已在心上怀了"胎"，不过自己还不知道，苏格拉底像一个"助产婆"，帮助

别人产生知识。苏格拉底的这种理论，直接产生了柏拉图的唯心主义先验论的"回忆说"，也是后来唯心主义"天赋观念"说的先导。从教育思想看，苏格拉底在这里提倡启发式的教育方法，反对灌输法，有积极意义。

苏格拉底的助产术，集中表现在他经常采用的"诘问式"的形式中，以提问的方式揭露对方提出的各种命题、学说中的矛盾，以动摇对方论证的基础，指明对方的无知；在诘问中，苏格拉底自己并不给予正面的、积极的回答，因为他承认自己无知。这种方式一般被称为"苏格拉底的讽刺"。

苏格拉底的这种方法是由爱利亚学派的逻辑推论和芝诺（爱利亚的）的反证法发展而来的。在苏格拉底的讽刺的消极形式中存在着揭露矛盾的辩证思维的积极成果。苏格拉底的这种方法，在西方哲学史上，是最早的辩证法的形式。

伦理学说　苏格拉底建立了一种知识即道德的伦理思想体系，其中心是探讨人生的目的和善德。他强调人们应该认识社会生活的普遍

法则和"认识自己",认为人们在现实生活中获得的各种有益的或有害的目的和道德规范都是相对的,只有探求普遍的、绝对的善的概念,把握概念的真知识,才是人们最高的生活目的和至善的美德。苏格拉底认为,一个人要有道德就必须有道德的知识,一切不道德的行为都是无知的结果。人们只有摆脱物欲的诱惑和后天经验的局限,获得概念的知识,才会有智慧、勇敢、节制和正义等美德。他反对美德来自教育的观点,认为道德不是技艺,也不是各种美德名称的堆积和属性。道德只能凭心灵和神的安排,道德教育就是使人认识心灵和神,听从神灵的训示。这种禁欲主义和神秘主义伦理思想,后来被安提斯泰尼继承和发展,形成以强调禁欲为特征的犬儒学派;而苏格拉底伦理思想中所包含的快乐论思想,则被亚里斯提卜继承和发展,形成主张享乐的居勒尼学派。柏拉图全面继承了苏格拉底的伦理思想体系,并进一步系统化、理论化。苏格拉底强调知识的重要性,认为伦理道德要由理智来决定,这种理性主义的思想,在以后西方哲学思想的发展中起了积极作用。

柏拉图

古希腊唯心主义哲学家。

生平和著作 柏拉图出身于雅典的名门贵族,卒于雅典。幼年受过良好教育,最初对诗艺感兴趣,后来从事哲学研究,并想在政治上有所建树。据亚里士多德记载,柏拉图最初和克拉底鲁熟识,了解到赫拉克利特的"一切流动"的学说。同时他还接受爱利亚学派和阿那克萨戈拉的学说,并受到智者们的影响。20岁时,柏拉图从学于苏格拉底,并成为苏格拉底的忠实信徒。苏格拉底被处死后,他先躲避到麦加拉,后来可能游历过埃及和居勒尼,结识了一些自然科学家和数学家。也许就在这个时期,他写下了早期有关苏格拉底的对话。他40岁时,第一次访问意大利的西西里，结识了毕达哥拉斯学派的学者，并在叙拉古结交了王族第翁。他企图在叙拉古实现自己的政治理想，但因第翁和叙拉古王狄奥尼西奥斯有矛盾，他被迫返回雅典。他在雅典城外的阿加德米创办学园，免费收徒，吸引了希腊各地很多学者。此后，他曾两度重游叙拉古，但他的政治理想始终未能实现。

以柏拉图的名义流传下来的有30多篇对话和13封信。经过学者们多年的研究，大体上分辨了真伪，确定著作的先后分期。现在比较公认的有25篇对话和1篇替苏格拉底作的《申辩》为柏拉图所作，在13封信中，一般认为第7封信比较可靠，被看作柏拉图的自传。

多数学者把柏拉图的对话分为3个时期：①早期有《申辩篇》《克里多篇》《卡尔米德篇》《拉凯篇》《吕锡篇》《克拉底鲁篇》《欧谛德谟篇》《欧谛弗罗篇》《梅内克塞诺篇》《伊安篇》《高尔吉亚篇》《小希比阿篇》《普罗泰戈拉篇》；②中期有《美诺篇》《斐多篇》《会饮篇》《费德罗篇》《理想国》《巴门尼德篇》《泰阿泰德篇》；③晚期有《费雷波篇》《智者篇》《政治家篇》《法律篇》《克里底亚篇》《蒂迈欧篇》。

柏拉图是古希腊哲学家中第一个留有大量著作的人，他把古希腊哲学发展到了一个新的高峰，建立了一个庞大的哲学体系，对以后的各种哲学和宗教产生了重大影响。有关柏拉图著作的中文译本有：①吴献书译：《理想国》，商务印书馆，1929年版，1957年重印。②张师竹初译、张东荪改译：《柏拉图对话集六种》，商务印书馆，1933年版。③景昌极、郭斌和译：《柏拉图五大对话集》，商务印书馆，1934年版。④陈康译注：《柏拉图巴曼尼得斯篇》（即《巴门尼德篇》），商务印书馆，1946年版，1982年重印。⑤严群译：《泰阿泰德·智术之师》（即《智者篇》），商务印书馆，1963年版。⑥朱光潜译：《柏拉图文艺对话集》，人民出版社，1963年版，1980年重印。⑦严群译：《游叙弗伦、苏格拉底的申辩、克力同》（即《申辩篇》《欧绪弗洛篇》《克里托篇》），商务印书馆，1983年版。⑧邝健行译：

《波罗塔哥拉篇》（即《普罗泰戈拉篇》），台北中国文化大学出版社，1985年版。⑨郭斌和、张竹明译：《理想国》，商务印书馆，1986年版。⑩严群译：《赖锡斯、拉哈斯、费雷泊士》（即《吕西斯篇》《拉凯斯篇》《斐莱布篇》），商务印书馆，1993年版。⑪黄克剑译：《政治家——论君王的技艺（逻辑上的）》，北京广播学院出版社，1994年版。⑫戴子钦译：《柏拉图对话七篇》，辽宁教育出版社，1998年版。⑬杨绛译：《斐多》，辽宁人民出版社，2000年版。⑭张智仁、何勤华译：《法律篇》，上海人民出版社，2001年版。⑮王晓朝译：《柏拉图全集》（1～4卷），人民出版社，第1卷2002年版，第2～4卷2003年版。

理念论　从最早的伊奥尼亚哲学起，希腊哲学家开始寻求事物的本原。泰勒斯和德谟克利特都是在物质世界中寻求事物的稳定本质，苏格拉底和柏拉图改变了这一研究方向。柏拉图在物质世界以外寻求事物的本原，建立了以理念论为核心的客观唯心主义哲学体系。理念论的基本内容是将理性世界和感觉世界对立起来，认为感性的具体事物不是真实的存在，在感觉世界之外还有一个永恒不变的、独立的、真实存在的理念世界。

理念　理念的希腊文的本义是"被视之物"，当时常在"种""属"的意义上使用。理念论认为，具体事物常变，而"种""属"的性质本身不变。柏拉图在《斐多篇》里指出："大""小"等概念是不变的，事物发生大小的变化，是由于"大""小"理念的进入或退出。"种""属"概念本是人们掌握世界的一种方式，但是这些概念被柏拉图夸大，成了脱离具体事物的独立实体。

在贯彻理念论哲学中，柏拉图遇到了不可克服的困难。首先是"理念世界"和"感觉世界"的关系问题。理念世界既然是脱离感觉世界的独立实体，它又如何在感觉世界中体现出来？为了回答这个问题，柏拉图在不同的对话中提出了"模仿""分有""相似""影子"等概念来说明这两种不同实体之间的关系。柏拉图认为感觉世界中的具体事物由于"分有"了理念世界的特点，才具有相对稳定的属性。前者是后者的"影子"，所以前者与后者有"相似"的关系。在这里，柏拉图颠倒了思想与现实的关系，将思想对现实的能动的反映，说成是现实对思想的模仿。柏拉图感到困难的问题还有各种"理念"之间的关系，在《巴门尼德篇》中以巴门尼德批评少年苏格拉底理念论的方式，表明了这方面的困难。

柏拉图的理念论具有明显的目的论性质。一般认为他的早期对话是在发挥苏格拉底的哲学思想，主要是讨论勇敢、友谊、正义等伦理道德方面的问题。在《理想国》中，他提出"善的理念"是最高的，是理念世界的太阳，一切美的事物都以达到绝对的美作为自己的目的。这样，在他看来，事物的本质属性，不仅在于它们的自然属性，而且还在于它们的功用，即合目的性。

现代研究者一般认为，柏拉图的理念论本身也有一个发展过程。早期的对话以讨论伦理问题为主；中期以《斐多篇》和《国家篇》为代表，着重从本体论和认识论方面建立他的理念论的哲学体系；后期讨论哲学范畴的相互关系，如《智者篇》中讲的"通种论"、《蒂迈欧篇》中讲的宇宙论。据说，柏拉图晚年及其学派更加倾向于毕达哥拉斯学派的数的神秘主义，将理念论与世界的数的结构联系起来，提出"理念的数"，对世界的规律做出了歪曲的描绘。

认识论 柏拉图在理念论的基础上，区别了真知和意见。苏格拉底曾指出许多有学问的人自以为有知识，实际上并没有知识，否定了早期的自然哲学家和智者们的认识论。柏拉图在本体论上将理念世界和感觉世界对立起来，在认识论上将真知与意见对立起来，由此建立起唯心主义先验论的认识论体系。

在柏拉图的体系中，意见属于感觉的范围。感觉不能提供可靠的知识，只给人以变化的、矛盾的、混乱的印象，不能使人得到不变的，必然的真理。普罗泰戈拉提出的"人是万物的尺度"，是以个人的感觉和意见为尺度，否定了绝对的、客观的真理。而柏拉图认为真理是客观的、普遍有效的。在柏拉图看来，真理应以理念世界为对象。只有理念才是真实存在的，才是真理；感觉世界只不过是和理念相似的东西，是理念的影子。柏拉图在著名的"洞穴的比喻"中说明，人在现实的感觉世界中，如同在黑洞中探索而背向着洞口，当人们回头时，看到洞外的阳光，即看到光辉灿烂的理念世界，才是看到了真理。

柏拉图认为理念世界与感觉世界是对立的，因而它是超越经验的、超越时空的永恒存在；关于理念世界的知识也同样是先验的。他在《美诺篇》中举例说，对数学、几何中的公式推理，只要经过启发，没有学习过的人也能自发地推导出来。他认为，人在出生前已经具有知识，只是在出生以后忘记了，通过某种具体事物就可以回忆起来。这就是柏拉图的"回忆说"。他将感性和理性、实践和认识的关系完全颠倒过来，对逻辑推理和必然性知识作了唯心主义、神秘主义的歪曲。

在柏拉图看来，人既然不能以感官求真理，就只能凭借与感官和物质实体相区别的灵魂来认识真理。灵魂是精神实体，它不生不灭，是永恒的。按照古代希腊"相似者相近"的观念，只有不朽的灵魂才能认知和掌握同样不朽的理念。在柏拉图看来，灵魂与身体是绝对对立的，身体是认识理念的障碍，因此，灵魂要认识真理，必须排除身体的干扰。

柏拉图认识论的回忆说是和灵魂不朽说联系在一起的。灵魂与身体有原则的区别，身体是"多"，是物质性的，因而是要分解消散的；灵魂则是"一"，是精神性的，不会消散毁灭。不朽的灵魂在轮回转世时，受到身体的窒息，忘掉生前对于理念的认识，这时候就需要摆脱身体的羁绊，受到一定的启发，才能回忆起真正的知识。这样，柏拉图就将回忆说、灵魂不朽说和灵魂轮回说结合成为一个神秘的、原始性的唯心主义体系。然而，这个体系，又是建立在他的理念论基础上的，与单纯的原始宗教信仰以及在这种信仰笼罩下的毕达哥拉斯学派的灵魂不朽和灵魂轮回说又有一定的区别。所以大多数研究者认为柏拉图的回忆说，是一种原始的先验论，即认为科学知识，特别是数学知识，是不依赖于经验的、必然的推理知识。

辩证法　在古希腊文献中，柏拉图的对话第一次运用"辩证法"这一概念，并将它提到哲学的高度。在《理想国》中，柏拉图将人的认识比喻为一条有高低等级的线。线的上半段是知识，下半段是意见，他称之为信念。知识又分为两截：最高的一级叫作"辩证法"，它所认识的对象就是永恒不变的理念；次一级的是理智，它所认识的对象是数学，必须通过假设才能认识。在这个比喻中，柏拉图认为辩证法是最高级的认识，它不必凭借假设而可以直接认识理念和第一原则。在西方哲学史中，这是第一次将辩证法提到这样的地位。

柏拉图将赫拉克利特的"变"和巴门尼德的"不变的存在"理解为对立统一的关系，以"种""属"的"理念"为感性现象中的理性的本质，"理念"不变，但分有"理念"的具体事物却常变。在他的哲学体系中涉及感性和理性、"意见"和"真理"、物质和精神、肉体和灵魂、个别和一般、"多"和"一"

柏拉图建立的学园，哲学家们可以在此讨论和思考（古希腊镶嵌画）

等一系列对立统一的矛盾关系。在他后期对话的"通种论"中，讨论到"存在"和"非存在"、"动"和"静"、"同"和"异"等范畴的联系，与他前期将"理念"说成是绝对的相比，向辩证法前进了一步。

柏拉图一方面将爱利亚学派的逻辑推理方法与苏格拉底的揭露矛盾的问答式方法结合起来，在论证理念时，涉及概念、判断、推理的逻辑问题，并在回答的过程中，运用了归纳、演绎和反证等逻辑技巧，丰富了辩证法的内容；另一方面他把不变的、永恒的"理念"作为哲学的出发点和最终目标，使他的辩证法带有很大的局限性。

宇宙论　柏拉图晚年企图将他的唯心主义理念论和当时的自然科学调和起来。他从理念论哲学出发，对宇宙的产生和各种自然现象作出了自己的解释。他的宇宙论和宇宙发生论集中在《蒂迈欧篇》中。为了沟通理念世界和感觉世界，在这里，他提出了"创造者"。创造者，以理念为模式，创造出世间万物。在这个前提下，他吸收了阿那克萨戈拉的"奴斯"作为万物的动因，同时也吸收了恩培多克勒的"四根"作为质料，以构成变化着的现实世界。在具体解释现实世界的现象时，柏拉图试图用毕达哥拉斯学派的数学关系来说明一切物质的特性，如说火是四面体，气是三面体，水是二十面体等。而认为三角形体是事物的最根本的形式。他对自然现象的这种解释，充满了神秘主义的神话式的猜测，并没有多少科学价值。他这种"创造者"的思想，后来被宗教利用，成为基督教早期教父哲学的理论根源。

政治思想　社会政治思想在柏拉图的哲学体系中占有重要地位，与他的伦理思想有密切联系。在他看来，整个城邦有三个部分，从而可分为三个等级，即统治的等级、守卫的等级（武士）和劳役的等级（一般从事工、商、农业的自由民）。这三个等级在城邦中的关系，构成柏拉图理想国的主要内容。

统治者是最高的、决定性的等级。在柏拉图看来，他们应该是智慧的化身，因而他们应该是"哲学王"。哲学家以对国家理念的知识来治国，反对情欲，反对以个人的利益至上。

由于连续不断的战争，柏拉图十分重视武士等级的培养和教育。他提出，武士必须是由体格和智力都健全的公民经过严格训练组成的职业军人队伍。在这个队伍内部，施行一种近似原始共产主义的生活方式，过集体生活，没有家庭，没有私有财产，实行严格的生活纪律，以锻炼他们的意志。这个等级的美德就是勇敢。

柏拉图认为，从事手工业、商业和农业的一般自由民，只能以服从为美德，他们只能节制自己，各守本分，以满足城邦的物质需要为目的，就像人以感官来满足身体的需要一样。

为维护城邦的平衡和秩序，使各等级都能按自己的本分工作，柏拉图很重视城邦对各个等级的教育，反对以荷马的史诗为教材，认为荷马的史诗肯定神和英雄放纵情欲，所以，城邦教育应该摒弃这种诗人。

柏拉图的政治思想是他那个时代的历史产物。他指出：迄今存在过的政治制度有权力政治、寡头政治、民主政治和僭主政治等，它们都不够理想，尤以僭主政治为最坏。

在柏拉图心目中，这几种政体在希腊各城邦中都有其典型，如权力政治主要指斯巴达，民主政治主要指雅典和一些意大利的城邦。他指出，这些政体由于各自的缺点，经常相互过渡，如民主政治常因极端民主而被少数人操纵，转化为独裁的僭主政治，由这一个极端走向另一个极端。

关于柏拉图的政治思想，近代学者有许多争论，主要集中在柏拉图对奴隶主民主政治的态度问题上。许多研究者认为柏拉图反对希腊的奴隶主民主制，他所提倡的理想国具有贵族寡头的性质。也有一些研究者认为柏拉图并不反对真正的民主制，他的理想国也不能说是贵族寡头式的。但是，柏拉图的政治思想带有空想的性质，他将当时的政治制度看成是古代改制的"蜕变"，企图退回到古代贤王治国的原始状态。

法律思想 柏拉图有关法律思想方面的主要著作有《理想国》、

《政治家篇》和《法律篇》。在政治、法律思想方面，他从单纯主张"贤人政治"，发展到同时重视法律。他认为合乎"正义"的理想国应建立在奴隶制和自由民中壁垒森严的等级制基础上。自由民划分为三个等级：①人数极少的统治者；②捍卫国家的卫士；③人数最多的、从事生产的农民和手工业者。如果三个等级"和谐一致""各守本分"，国家就合乎正义。他在早期的著作中，极为轻视法律的作用，认为治理国家只需依靠统治者的智慧，"贤人政治"即由哲学家充任国王，是最优良的政治制度；而法只能是抽象的原则。人性千差万别，人事变化无常，法不可能对每一社会成员做出最好的规定。后来由于在叙拉古推行"贤人政治"方案失败，他在晚期著作《法律篇》中改变了观点，认为人类一定要有法律并遵守法律，否则将如野兽一般生活；人的本性无法了解社会利益，统治者掌握权力后也会谋取私人利益，所以法是"第二位最佳"的选择，仅次于贤人政治；法是与国家同时出现的，是采取国家决定形式的社会判断，其最终目的和国家一样，是达到理想国家中的正义。在《政治家篇》中，除了哲学家治国外，还有贵族（好人）制、有法民主制、无法民主制和寡头制等四种。柏拉图认为，在没有"哲学王"的情况下，有法民主制优于无法民主制。

经济思想 柏拉图从国家组织原理考察了社会分工问题。他认为，每一个人都有多方面的需求，但是人们生来却只具有某种才能，因此一个人不能无求于他人而自足自立。于是人们便自愿联合起来成立国家。同时，柏拉图还从使用价值方面说明社会分工的必要性。按照柏拉图的说法，如果一个人专门做一种工作，他所生产出来的产品必然较好和较多。所以，一国中应该有专门从事各种行业的人。在社会分工中，每一个人应该担任哪种行业和职务，应取决于人们的天性。他把分工看作是社会分裂为阶级的基础，而分工又被视为是出于人性和经济生活所必需的一种自然现象。社会上划分为统治者和被统治者；一部分人从事脑力劳动，另一部分人从事体力劳动，都被说成是合理的和自然的。

柏拉图以他的分工学说为基础论述了理想国家的组织。他设想国家由三个阶级组成，即统治的等级、守卫的等级和劳役的等级。奴隶被视为会说话的工具，没有列入国家组成的阶层之内。柏拉图认为私有财产和家庭养成人们利己和贪欲之心，引起社会的分歧和矛盾。因此，哲学家和战士都不应该拥有私有财产和家庭，应实行共妻共子，结婚男女都必须住在公共宿舍，在公共食堂进食，才能最终使国家获得永久和平，保持全国团结一致。柏拉图所主张的这种"共产主义"，不过是幻想在奴隶主阶级内部消灭财产私有制，试图借此消除统治阶级的内部矛盾和冲突，以维护奴隶制度。但在《法律篇》中，柏拉图则主张平分土地，归属各居民户。居民不能将遗产再行分割，也不准出售或用其他方式进行分割。城邦国家也不能运用政治权力来分割地产。他试图用平均分配土地的办法，来保持奴隶制国家的稳定和和平。

柏拉图认为，农业应该成为理想国的经济基础。国家应该从农业取得收入，因为只有从农业取得收入，才会使人们不致为了获利而把财产的本来目的抛弃掉。商业是必要的，但雅典人不应该从事这种不体面的行业。他攻击商人唯利是图，忘记了商业的真正作用，主张制定法律使商人只能得到适当的利润。柏拉图反对放款取息和抵押放债，其目的在于防止商业资本和高利贷资本侵吞奴隶主阶级的剩余产品和侵蚀奴隶制自然经济。

柏拉图主张理想国家的国土不应过大，也不要过小，应保持一定的土地面积。一国的人口应与土地保持比例，人口不应过多，也不要过少。他认为一国人口以5040人最为适当。此数除了11之外是1～12诸数都可除尽，便于执政者用各种方式组织一国的国民。

柏拉图意识到货币可以作为价值尺度和流通手段。但和色诺芬不同，柏拉图反对把货币作为贮藏手段。他按照奴隶制自然经济的需要，主观地规定货币应该有哪些职能，而不应该有哪些职能，完全不了解货币的本质。

伦理思想　柏拉图直接继承和发展了苏格拉底的知识论伦理思想，建立起"善的理念"的道德理论体系。他把苏格拉底的"知识即道德"的思想推向极端，认为善的理念是一切善行的目的和唯一真实的、永恒的价值基础，是道德的唯一根源。道德就是理念在人们灵魂中的体现和追求。柏拉图把人的灵魂分为理性、意志和情欲3个方面，其中理性是最高的，人只有通过理性才能认识理念世界，达到至善，意志和情欲是在理性的支配下进行活动的，其圆满的活动就是善理念在现世的表现，由此就产生出各种德性活动，形成智慧、勇敢、节制、正义4种主要德性。他认为理性表现为智慧，是深谋远虑、管理国家的知识，属于奴隶主统治者的道德；意志表现为勇敢，是保持一定法律制度的信念，属于武士的道德；情欲则是低下的，应予节制，节制是农夫和手艺人的道德。统治者、武士、农夫和手艺人这3个"阶级"在国家里各做各的事情而不互相干扰，就是正义。柏拉图的伦理思想是古希腊奴隶主贵族派道德观的理论表现，它带有神秘主义和禁欲主义的性质，是后来的新柏拉图学派、斯多阿学派和中世纪基督教伦理学说的主要思想渊源。

美学思想　柏拉图的美学思想贯穿在他的理念论哲学思想之中，成为其中不可分割的组成部分。在他看来，只有理念世界才是唯一真正的实在，而物质的感性世界则是不真实的，只不过是理念世界的苍白的影子。个别事物的美是相对的、变幻无常的，只有美的理念或"美本身"才是绝对的、永恒不变的。"美本身"可以独立存在，而美的事物却不能离开"美本身"而存在，一个事物之所以是美的，乃是因为"美本身"出现于它之中或者为它所"分有"。因此，"美本身"先于美的事物，是个别事物的美的创造者。柏拉图认为，大多数人只是喜爱美的事物，他们只具有关于美的"意见"，只有哲学家才能喜爱和认识美的理念本身，并具有真正的美的知识。对美的理念的认识只能凭借思想，而不能凭借感觉。但是，这种认识不是一下子完成的，必须经过一个循序渐进的过程，首先是从爱个别美的形体推广到爱一切美的形体，再从爱美的形体到看出行为、制度以及学问知识之美，最后则终于豁然贯通，爱涵盖一切的绝对美，达到只以美本身为对象的那种学问，彻悟美的本体。照柏拉图的说法，这一认识的过程是"回忆"的过程，因为关于美的理念的知识，是灵魂所固有的，问题在于灵魂下降尘世后忘记了这种知识，通过具体事物的美才能唤起"回忆"，重新见到"美本身"。

柏拉图的艺术理论也十分重要。他把模仿看作艺术的本质，认为艺术模仿自然，但因为自然本身不是真实体，只是理念世界的"影子"，所以模仿自然的艺术就沦为"影子的影子"了。他认为，艺术品和真实体隔了两层，从艺术得不到真理，它的价值不高。艺术诉之于人的感情，专门挑动人的感情，容易败坏人性，因此，他也反对艺术。但是，尽管柏拉图对艺术采取轻视态度，却并不否认艺术的社会作用。他认为文学艺术对人有很大

的潜移默化的影响，主张对文学艺术规定严格的审查监督制度，并要以社会效用作为衡量艺术的标准。他指控当时古希腊的文学艺术作品对社会起坏作用，要把诗人逐出他的"理想国"。关于文学艺术的创造，柏拉图强调要靠灵感。他认为，诗人写诗不是凭智慧和技艺，而是凭天才和灵感。只有失去平常理智而陷入"迷狂"，才能充当神的代言人而进行创作。柏拉图关于美的学说和艺术理论，就其系统性和严密性来说，远远超过了他以前的古希腊思想家，他是古希腊美学的真正奠基人。他的美学思想在历史上影响很深，后来西方唯心主义美学和文艺理论的许多重要观点都来源于此。

教育思想　柏拉图十分重视教育的作用，他在中期写的《理想国》和晚年写的《法律篇》中，有很大一部分叙述他的教育思想。在西方教育史上，他第一个提出完整的学前教育思想并建立了完整的教育体系。他从理念先于物质而存在的哲学思想出发，在其教育体系中强调理性的锻炼。他要求 3 ～ 6 岁

的儿童都要受到保姆的监护，汇集在村庄的神庙里，进行游戏、听故事和童话。柏拉图认为这些都具有很大的教育意义。7岁以后，儿童就要开始学习军人所需的各种知识和技能，包括读、写、算、骑马、投枪、射箭等等。从20～30岁，那些对抽象思维表现特殊兴趣的学生就要继续深造，学习算术、几何、天文学和声学等学科，以锻炼他的思考能力，使他开始探索宇宙的奥妙。柏拉图指出了每门学科对于发展抽象思维的意义。他主张未来的统治者在30岁以后，要进一步学习辩证法，以洞察理念世界。经过5年后，他就可以成为统治国家的哲学王了。在《法律篇》里，柏拉图把斯巴达和当时雅典的教育制度结合起来，认为教育是人类所具有的首要的和最美好的事物，而且只有进行"恨你所当恨，爱你所当爱"的特殊训练，才配得上称为教育。在体育教育中他主张应包括教育手段和健康术。他对当时雅典出现的竞技主义和竞技职业化倾向曾给予猛烈的抨击，同时也批评市民轻视体育的思想和态度。他主张

心身和谐发展，强调"用体育锻炼身体，用音乐陶冶心灵"。柏拉图体育教育思想对后世体育的发展有深远的影响。

柏拉图的教育思想是以唯心主义为基础、为奴隶主贵族政治服务的，但其中仍有一些发人深思的因素，对后世教育学的发展有很大影响。他的学生亚里士多德就从中吸取了许多教育观点。柏拉图所制订的各门学科，加上过去智者们制订的文法和修辞学，到了中世纪就发展成为七艺。他的唯心主义理念论思想在3世纪就影响了普罗提诺的思想，后者创立了新柏拉图主义哲学。在中世纪初期，他的思想对著名神学家奥古斯丁的神学体系有很大的影响，在文艺复兴时期，不少学者对柏拉图发生兴趣。后来在意大利仍建立柏拉图式的学园。

文学思想 柏拉图在讲学进程中写出了40篇左右的对话。对话这种文学体裁属于"直接叙述"，在希腊史诗和戏剧里已成为重要组成部分。柏拉图把对话从史诗和戏剧里提出来，作为一种独立的文学形式，运用于学术讨论。它的特点

是运用"苏格拉底式的论辩法"，把各方论点都摆出来，把其中矛盾剥茧抽丝逐层揭露出来，从而引向比较有说服力的结论。柏拉图把对话体运用得极为灵活，从日常具体事例出发，很少用抽象推理。以浅喻深，由近及远，去伪存真，层层深入，不但把人自然地引到结论，而且使人看到活的思想过程，激发自己的思考。柏拉图的《对话集》是希腊文学中出色的散文作品，是学术讨论中一种值得继承和发扬光大的优秀传统。

为制定由哲学家当国王的理想国家，恢复雅典贵族的统治，柏拉图花了40年之久写出了他的几十篇对话。其中最突出的是他对荷马和悲剧诗人的控诉，最大的罪状是模仿艺术显不出真理；其次是文艺滋长人类低劣情欲，例如悲剧中的感伤癖和哀怜癖以及喜剧中的"诙谐的欲念"和"小丑习气"。文艺把神和英雄写得和平常人一样，奸盗邪淫，无恶不作，这只能伤风败俗，培养不出正直、真诚、勇敢、镇静等为"城邦保卫者"所必备的优良品质。他质问荷马："请

问你，你替哪一国建立过一个较好的政府？是哪一国的立法者和恩人？"并且讥笑荷马只歌颂英雄而并不认识英雄，"否则他就会宁愿做诗人所歌颂的英雄，而不愿做歌颂英雄的诗人。"他告诉悲剧诗人们说，雅典人制定了很好的法律，所以"我们也是悲剧诗人，我们也创造了一部顶高尚顶优美的悲剧"，用不着你们的那种悲剧了。于是他向到雅典来"展览身体和诗歌"的人鞠躬致敬，替他们洒上香水，戴上花冠，请他们到旁的城邦去了，回头向雅典人宣告："至于我们的城邦里我们只要一种诗人和故事作者，态度要比他严肃，作品须对我们有益，只模仿好人的言语，并且遵守我们原来替保卫者们设计教育时所定的规范。"从替理想国的统治阶级训练统治人才的角度来彻底检查和正确处理希腊史诗和悲剧，这就是柏拉图在《对话集》里的中心任务。

此外，柏拉图所着重宣扬的灵感说虽来源于宗教迷信，影响却极深远。他在《伊安篇》里力图证明单凭专业技术知识创造不出文艺

作品，艺术创造要凭灵感。灵感是来自诗神的一块有强大吸引力的磁石，"诗神就像磁石，她首先把灵感传给人们，得到灵感的人们（诗人们）又把它辗转传递给旁人，让旁人接上他们，都悬在一条锁链上"。灵感不但不凭知识和理智，而且还要"失去平常理智而陷入迷狂状态"。在《斐德罗斯篇》和《会饮篇》里，柏拉图还把灵感中的迷狂状态结合到他从埃及得来的灵魂轮回说，认为灵感来自不朽的灵魂前生在天国所见到的美满境界的回忆。他还屡次指出文艺创作和爱情都必呈现灵感中的迷狂状态，因此文艺创作和爱情之间具有一致性。现代弗洛伊德派的文艺心理学说明了柏拉图的灵感说至今还在发生影响。

柏拉图的文艺理论遭到亚里士多德的批评，后者在其著作《诗学》中认为，文艺并不只是"影子的影子"，诗比历史更真实，因为更严肃，更有普遍性。柏拉图的文艺理论对西方文学的影响一直延续到现代。尽管中世纪时教廷将亚里士多德的学说列为经典学说，而对柏拉图大加批判，柏拉图的著作甚至遭到查禁，但到文艺复兴时期，意大利文化中心佛罗伦萨又创立了柏拉图学园，柏拉图的文艺理论重新成为影响西方文学的最主要的古代思想渊源。

亚里士多德

古希腊哲学家、渊博的学者。他总结了泰勒斯以来古希腊哲学发展的成果，首次将哲学和其他科学区别开来，开创了逻辑学、伦理学、政治学、物理学和生物学等学科的独立研究。他的学术思想对西方文化的发展产生了巨大影响。

生平和著作 亚里士多德生于斯塔吉拉城，父亲是马其顿王阿穆塔的宫廷医师，在亚里士多德幼年时去世。

亚里士多德18岁时被他的监护人普洛克西诺送到雅典，进入柏拉图学园学习，后来担任教师。柏拉图逝世后，斯彪西波主持学园事务。亚里士多德与他有分歧，和另一个同学克塞诺格拉底接受了赫尔米亚的邀请，离开雅典来到亚洲的密细亚的阿索斯城，建立学园，开展教学和研究工作。3年后波斯帝国攻陷了城池，赫尔米亚被杀，亚里士多德逃到累斯博岛的米提利尼城。公元前342年，亚里士多德应马其顿王菲利浦二世之召，前往任王子亚历山大的教师。公元前339年离开马其顿的宫廷，回到自己的故乡斯塔吉拉城。

公元前335年，亚里士多德回到雅典。这时学园由克塞诺格拉底主持。亚里士多德带领泰奥弗拉斯托斯，在城外吕克昂的阿波罗神庙附近的运动场里另立讲坛。由此，他的学园被称为"吕克昂"。他的教学活动多在运动场里的散步区进行，边走边讨论问题，因此又被称为"逍遥学派"。吕克昂树立了一种和柏拉图学园大不相同的学风。它更注重实际，研究问题更注重提出疑难，注重多方面收集材料、尝试和探索。在哲学及古代知识的许多部门中取得了巨大的成果。公

元前323年亚历山大在军旅中突然死去，雅典发生了反马其顿的运动，亚里士多德便成为政治打击的对象，他和苏格拉底一样，被控以"亵渎神灵"的罪名。他把学园交给泰奥弗拉斯托斯，避难于卡尔基，次年因病逝世。

亚里士多德的著作分为两大类：第一类是他生前公开发表供一般人阅读的，用的是对话体。这类著作大部分已散失，只有一些片断流传到现在。这类作品文体典雅，想象丰富，西塞罗誉之为"黄金河流一样的"作品。其中重要的有《论灵魂》、《论正义》和《论哲学》等。第二类作品朴素无华，推论严谨，大概是亚里士多德的讲授提纲、研究札记或学生的听讲笔记被保存下来了一部分。

现存亚里士多德著作主要有：《范畴》《解释》《前分析》《后分析》《论辩》《智者的驳辩》，总称《工具论》，主要涉及逻辑问题；《形而上学》主要涉及抽象的一般理论问题；《物理学》《论天》《论生灭》《论灵魂》主要涉及自然哲学问题；《尼各马可伦理学》《大伦理学》《欧

德谟伦理学》主要涉及伦理问题。此外还有《政治学》《诗学》《修辞学》及其他有关生物、经济等方面的著作。

基本学说

亚里士多德把广义的哲学，即一般性的知识，分为三大类：①实践的，②创作的，③理论的。实践的知识只研究行动本身而不管行动的结果。创作的知识是关于材料的塑造和制造的知识。这里所说的材料往往是语言材料，创作只是词句的制作。这个词后来和诗是同义语。"理论"，在古希腊语里本义是"凝视"。理论的知识是一种不为其他实用目的只为知识本身的知识，亚里士多德认为这是最高贵的静观知识。

理论科学　理论科学又进一步被分成3类：即物理学、数学和第一哲学或神学。亚里士多德和他的逍遥学派把主要力量集中在物理学和第一哲学上。

第一哲学　即形而上学。亚里士多德指出，哲学的研究对象是"作为存在的存在"，即普遍存在，其他分门别类的学科，是从这个全体上割取一部分而进行专门的研究。研究普遍存在也就是研究那些"其自身就是属于作为存在的东西"。这就是本原和最初的原因。

亚里士多德认为，最初的原因共有4种：①质料因。一切事物构成和存在所不可缺少的条件，如铜之于雕像，银之于银碗；②形式因。决定一个事物之所以是那个事物的原因，因此被看作事物的本质，事物的定义，而不是事物的外表；③动力因。一切运动和变化的来源，如父母之于儿女，制造者之于产品；④目的因。也就是为了什么，如为了健康而散步，为了治病而服药。人们了解了"四因"，就会了解事物的产生、消失和自然的变化。

四因说是从以前哲学发展的历史中总结出来的，具有明显的调和性。亚里士多德一方面着重批判柏拉图唯心主义的理念论，同时也指出德谟克利特唯物主义原子论的缺点。他指出，柏拉图派的理念论，在论证上没有充分根据，不但不能解释事物的存在和运动，反而会引

起种种困难。那些认为有一类具体事物就有一个独立存在的理念的论证，是站不住脚的。如果这样，那么人工制造的东西、不存在的东西、偶性和关系也都有自己的理念了。理念论是无用的，甚至是不可能的。说它无用，因为它仅仅是把可感觉的事物增加了一倍，既不能

阿拉伯人描绘的《亚里士多德授课图》（8—11世纪）

成为它们运动和变化的原因，也无助于它们的存在以及我们对它们的认识。理念的前提甚至是不可能的，因为它一方面断定理念是有关对象的本质，另一方面却又断定它存在于那些对象之外，本质是不可能存在于事物以外的。在谈到个别对象和理念的关系时，柏拉图说对象分享（分有）或模仿理念，而所谓分享或模仿不过是一种说不清楚的诗的比喻。最后，理念论把理念看作是实体性的东西。如果这样，在个别对象和理念之间还须有个两者共有的模式，即在个别的人和人的理念之间还需有"第三个人"。在批判理念论时，亚里士多德把这一理论概括成一个著名的公式，那就是"多外之一"。这非常准确地击中了理念论的唯心主义要害。唯心主义一般总是用自然之外的精神，存在之外的思想来作为自然和存在的本质、原因和本原。

在批判理念论的同时，亚里士多德也指出古希腊唯物主义的缺陷。他认为，德谟克利特和他的先驱发现了质料因，对哲学的发展作出了贡献。然而却忽略了事物运动的原因，没有说明从哪里开始运动以及为何运动的问题。同时，德谟克利特也忽视了形式和本质，他没有探究事物运动的内部源泉，更不了解人们的概念更深刻地反映了事物的本质。

关于实体问题的探讨　在亚里士多德哲学中，实体问题居于中心地位，因为，实体和"作为存在的存在"几乎是同等的。实体就是与一切事物相关的"本原"。亚里士多德在这个问题上集中地表现了困惑和混乱。

"实体"这个词在希腊语中原本就包含着两层完全相反的意思：①指个别的事物；②指普遍本质。在亚里士多德着重于世界的客观性和独立性的时候，他把实体第一层意思放到首要地位。认为只有个别的东西才能独立存在，才是"第一实体"，一切其他属性是用来表述它们的谓词。另一方面，当他觉察到普遍形式和本质定义在认识中的重大作用时，反过来把实体的第二层意思放到首要地位，强调形式的能动性。他认为形式不但是事物的普遍本质，而且是事物所要达到的目的，同时是诱发事物趋向目的的动力因。唯有形式才是现实性，是内在于事物的目的。相对来说质料则完全是消极的，是实现目的的可能性，是潜能。

从形式既是现实性、目的因和动力因的前提出发，亚里士多德进一步得出结论，认为有一个永恒不动的，非感性的实体，一个完全没有质料的形式即"纯形式"。它是运动的第一发动者、纯粹的"隐得莱希"，也就是"神"。神是宇宙万有的最后目的、最初的动因。

亚里士多德试图对以前的哲学加以总结，做出综合的结论，解决一般与个别的关系问题。但是，当时哲学思想还处于从具体到抽象，从个别上升到一般的开创阶段。他还不能真正解决从个别到一般、从感性到理性的过渡问题，从而陷入了矛盾和混乱，动摇于唯物主义和唯心主义、辩证法与形而上学之间。

物理学　即亚里士多德的自然哲学。这里面不但包括事物运动的一般原则，也包括两种"可感觉的实体"，即天体和生物。亚里士多德认为自然中一切对象都由质料构成，并且必然具有运动和变化。他将运动和变化区别开来，认为一切运动都是变化的，但不能说，一切变化都是运动。例如产生和消灭，即从不存在到存在，或从存在到不存在的变化，就只能说是变化。他把狭义的运动分为三大类：①量的运动，即增加或减少的运动；②质的运动，即质的转变；③空间运动，即位置的变换。他认为空间运动伴随着其他种类的运动。所以空间和位置也就是一切种类运动的普遍条件。亚里士多德不把位置看作是物体广延性所占据的空间，而是反过来将它看作是包围物体的边界。他从这里得出了两个结论：①没有无物体的空虚位置；②没有不占位置的无边界的物体。所以，宇宙的广延是有限的，在它之外没有虚空。亚里士多德把时间定义为按照先后来计量运动。他认为既然运动是永恒的，那么，时间也同样是永恒的。宇宙有无穷的过去，也有不尽的将来。至于构成物体的质料，亚里士多德认为有五种：冷而干的土、冷而湿的水、热而湿的气和热而干的火，这四种是构成月亮以下的地界中物体的元素。此外还有第五种比火更热更干的元素，一种燃烧着的东西，即以太。以太构成了月亮以上的天体，由于第五种元素最轻灵，所以它的运动形式最完美，是无限而又有限的圆周循环。地上的元素各按其本性作直线运动，轻者以苍穹为归宿，自然上升，重者以大地为依据，自然下降。他认为自然中一切都是有目的的，"神和自然不作无益之事"。

亚里士多德是地球中心说的系统化者。他认为，宇宙是以不动的地球为中心的球体，地球之外包围着47层或55层中空球形的天宇，最外的一层是恒星天。自然中的运动是从潜能到现实的过程，是质料不断被形式塑造的过程。在这一过程中产生了不同等级的生物。灵魂是生物的形式因，也是目的因和动力因。他认为，灵魂本是生命原则，它和身体的关系如视觉和眼睛的关系，不是船长和船只的关系。不同等级的生物有不同功能的灵魂。植物灵魂只有营养、吸收的功能；动物灵魂有感觉、欲求和移动。人的高贵之处在于除了有营养和感觉的功能之外，还有理性。理性是某种外来的、神圣的东西，它的一部分进入身体后受到身体的影响，变成被动的灵魂，和其他灵魂一样，随身体的死亡而湮灭；另一部分，一直保持其能动性，继续其静观的生活，离开身体后仍能独立自存，是不朽的。亚里士多德的自然哲学是与他的科学观点紧密结合在一起的。他对多种自然现象作过相当广泛的经验考察，首先提出了科学分类的思想，并提出了自然科学中的一系列基本概念和基本理论问题。如上面提到的物质、空间、时间、运动等等。在科学方法论上，他首先提出了归纳和演绎两种方法。强调数学公理体系及逻辑推理的作用，主张应严格运用数学来证明科学原理。这些对科学的发展都产生过重大作用。当然由于历史的局限性，也有一些产生过重大影响的定律，在近代发现是错误的，如落体运动的定律等。

逻辑学 在亚里士多德的知识分类里，没有逻辑学的地位。在逍遥学派看来，逻辑学不是知识的本

身，而是获取知识的工具、手段。

亚里士多德是形式逻辑的创始人。他认为，逻辑学的研究对象是语言，即逻各斯。但它所注意的只是语言的形式而不是语言的内容。词是构成语言的最基本的成分，每个词都是一判定。在《范畴》篇里，亚里士多德列举了10种判定方式，即10种范畴：实体、量、质、关系、地点、时间、姿态、具有、主动、被动。其中实体具有头等重要的地位。在一个命题中，只有实体居于主词的地位，其他9种，都是谓词，是从不同的角度对主词加以陈述。在客观上，实体是主体，一切其他范畴都是隶属于主体的属性。单个的、孤立的词并没有真和假、对和错，只有把两个词联系起来成为命题和判断，才发生真假和对错的问题。

亚里士多德对定义作了专门研究，提出了本质定义即属加种差定义、语词定义、原因定义等。他讨论了下定义时可能出现的错误，提出了现在逻辑教本中仍在使用的一些规则。

亚里士多德把命题划分为简单命题和复合命题。简单命题按"质"又分为肯定命题和否定命题；按"量"分为全称的、特称的和不定的。命题的对当关系、换位等问题是亚里士多德逻辑中的重要理论。他讨论了全称肯定命题、全称否定命题、特称肯定命题和特称否定命题之间的关系；他规定全称肯定命题与相应的特称否定命题之间、全称否定命题与相应的特称肯定命题之间是矛盾关系；全称肯定命题与相应的全称否定命题之间是反对关系。他提到了特称肯定命题和特称否定命题之间的关系，但没有明确陈述。他没有专门讨论差等关系，但在三段论中实际上应用了这一关系。他讨论了后来所说的"简单换位"和"限制换位"。命题的对当关系、换位等理论是三段论理论的基础。

亚里士多德研究了推理，认为推理是通过前提做出必然结论的逻辑形式。直言三段论理论是其中的重要部分。它分为三个格，共14个有效式。因为第一格可以得到AEIO四种结论，而这种三段论的有效性又很明显，无须再加任何说明，所以亚里士多德把第一格各式称之为完善的三段论，第二格、第三格各式不具有这种特点，需要通过换位和归谬等方法才能把它们划归为第一格，也就是需要通过第一格，才能提示出它们的有效性，因此他把这两个格的三段论称之为不完善的三段论。

亚里士多德的三段论是一个比较完整的演绎推理理论，是一个初级的公理化系统。以他的三段论第一格各个式作为公理，就可以推出其他各格的各个式的有效性。

亚里士多德还提出了模态三段论理论。模态三段论是两个前提中至少有一个必然命题或偶然命题，而其他命题是实然命题的三段论。亚里士多德分别对三个格的模态三段论作了考察，提出了模态三段论有效性的规则。例如，在第一格中，当大前提是必然的，小前提是实然的，则得到一个必然的结论；当大前提是实然的，小前提是必然的，则得到一个实然的结论。亚里士多德的模态三段论实际上也是一个公理系统，有些内容需进一步研究。

思维规律的理论是亚里士多德逻辑的基础。亚里士多德从本体论和逻辑两个方面提出和建立了他的逻辑思维规律理论。在他的哲学著作《形而上学》中首先考察矛盾律，认为矛盾律是一切证明都需要应用的最根本的原理，因而是不需要证明也是不能证明的。亚里士多德确定的另一条思维规律是排中律。

亚里士多德研究了科学证明，他要求证明的前提必须是真实的，是必然的；证明的最初始的命题必须是直接的。亚里士多德认为，直接的命题有公理、公设和定义。此外，在证明中还有推理规则，主要使用三段论推理。他还讨论了直接证明和间接证明，并认为直接证明比间接证明优越。同时，他还研究了各种谬误以及驳斥谬误的方法。他把谬误分为依赖语言的谬误和不依赖语言的谬误。依赖语言的谬误主要有：语词歧义、以分为合、以合为分、错放重音等。不依赖语言的谬误主要有：混淆偶性与本质属性、混淆相对与绝对、预期理由、肯定后件、错认原因、复杂问

027

语等。

在亚里士多德的逻辑理论中还有归纳和科学方法论等方面的内容。归纳是通过类比，从特殊中发现普遍，从个别中发现一般，它是一切科学证明的泉源。

实践科学 亚里士多德的实践科学有三个分支，即伦理学、理财学和政治学。在这三个领域里奴隶被排斥在外。他把奴隶称为"有生命的工具""能听话的财产"，他们虽然也是人，按其本性却要隶属于主人，服从主人，进行体力劳动。

伦理学 亚里士多德的伦理学说是古希腊从梭伦到德谟克利特幸福论思想的继承和发展，中心是关于幸福和实现幸福的条件问题。他在其主要伦理学著作《尼各马可伦理学》中，综合前人伦理思想的成果，运用经验和理性相结合的方法，深入探讨了人类道德行为的各个环节和奴隶制社会道德关系的各种规定，建立了西方伦理思想史上第一个完整的幸福论伦理学的理论体系。

亚里士多德伦理学理论体系的出发点是奴隶主阶级的人性论。他认为，人的灵魂分为理性和非理性两个部分。后者包括感情和欲望。人区别于动植物的地方在于有理性功能，并按理性生活。人的理性一方面是纯粹理性，其职能是沉思真理，其完善的活动是理智的美德；另一方面是与感情和欲望相联系的，其职能是调解并控制感情和欲望，其完善的活动是实践的美德，即德性。理智的美德来自知识教育。实践的美德得自行为习惯，它是人们自愿选择的行为，是有目的的自觉活动。在他看来，有德性的人其灵魂的各个部分是协调一致的，善行是这种协调一致的表现，恶行就是灵魂各个部分不一致的结果。因此，人应当对自己的行为负责。他还认为，美德和善行皆由理性决定，理性的主动作用在于使人控制自己的心灵和行为，使之不走极端，符合于"中庸"。因此，凡符合中庸要求的就是道德的；反之，就不是道德的。

亚里士多德批判了柏拉图伦理思想中的神秘主义和禁欲主义成分，肯定了现世的物质生活的幸福和快乐，认为快乐是人的德性活动的自然结果。但是，他反对把幸福仅仅归结为快乐，尤其反对那种把快乐仅仅归结为感性快乐的纵欲主义。他所认为的幸福是合乎理性的活动，"是善德的实现，也是善德的极致"，即合其性，尽其才，按照理性和城邦法律的要求达到自我实现。他强调，"自我实现"并不是自私自利，而是要在更高的动机和目的推动下，为促进他人和城邦的公共福利牺牲个人利益。社会的目的应是使个人能过有道德和幸福的生活，而个人应该服从整体，在城邦法律和公共职责中实现自我。他指出，人生应该思想高尚，为友谊和正义事业采取行动，追求不朽，尽力遵循理性而生活，直至达到对真理的沉思，实现神性的生活，成为"人中之神"，这才是最高的幸福。

理财学　亚里士多德认为，个人的德性须在家庭中培养和实现。家庭是个人最初所属的自然集体。家庭由两个要素构成，即人与财产和牲畜。在家庭财产中，奴隶是首要的，最不可缺少。奴隶是"人形的畜牲"。他认为家长必须具有四种本领：取得财产、保存财产、增加财产和使用财产。由于这个缘故，"理财学"这个术语，后来就变成为"经济学"。亚里士多德不赞成以获得财富为目的。他推崇农业，认为农业是最诚实的行业，并且显著地有助于培养人的英雄气概，它不像商业那样，从事商业的人只会变得懦弱。亚里士多德在经济学上的思想，受到马克思的重视。马克思指出："这位研究家最早分析了许多思维形式、社会形式和自然形式，也最早分析了价值形式。"

政治学和法学　亚里士多德认为"人在本性上是政治动物"；城邦是由家庭集合发展起来的共同体，国家是一个不可分割的整体，其目的是美好地生活，人不是神，如果没有这样的政治共同体，人就会堕落得比社会动物还要坏。

至于政体的优劣，亚里士多德认为不在体制本身，而在于统治者是以谋取私利为目的，还是以谋取公共福利为目的。如果是后者，不论是个人统治（君主制），是少数统治（贵族制），还是多数统治

（共和制），都是好的政体。反之，如果以谋取私利为目的，不论是个人统治（僭主制），是少数人统治（寡头制），还是多数人统治（民主制），都是坏的政体。

亚里士多德认为理性的德性是最高的德性，国家目的不在于发展军事优势，而在于提高科学文化。有文化的国家政治上的统一才可能持久。立法者首先要关心青年的教育，法纪的最高目的是培养德性。不能把教育庸俗化，教育的基础科目是文化、体育、音乐、绘画。

亚里士多德极为重视法的作用，认为法是国家用来掌握权力并监察、处理违法者的规章。人类志在趋于善良，可以成为最优良的动物，但如果违反法律和正义，就将堕落为最恶劣的动物。法的好坏与是否合乎正义，根据政体不同而定。法治的意义在于普遍遵守制定得完好的法律，"法治应当优于一人之治"。法律是通则，有的问题虽没有详尽规定，但它可以要求执法者根据法律精神加以公正处理；也允许人们根据积累的经验修改法律以求逐步完备。要使事物合乎正义，必须有"毫无偏私的权衡"，而法律正是这样一种公正的权衡。

亚里士多德认为对法律采取"以守旧安常为贵"的态度是荒唐的，无论习惯法或成文法都不应一成不变。初期的法律都是不很周详不很明确的，必须根据经验进行变革。但也应该注意变革法律决不能轻率，因为法律的成效依靠人民遵守，这种习性须经长期培养始能形成，轻易改变法律会削弱法律的威信，必须慎重。

亚里士多德在论述正义时，涉及法与平等的关系问题。他认为正义意味着某种平等（适用于自由民）。平等又可分为两类：①"分配的正义"，即根据每个人的功绩、价值来分配财富、官职、荣誉，如甲的功绩和价值大于乙的三倍，则甲所分配的也应大于乙的三倍。②"改正（或平均）的正义"，即对任何人都一样看待，仅计算双方利益与损害的平等。这类关系既适用于双方权利、义务的自愿的平等交换关系，也适用于法官对民事刑事案件的审理，如损害与赔偿的平等、罪过与惩罚的平等。

他在《伦理学》一书中曾提出自然正义和法律正义的区分；在《修辞学》中又讲到普遍的法是以自然为基础的不变的法，特殊的法是人们制定的、可变的法。这些观点涉及自然法和实在法的问题，虽然没有详细阐述，但在西方法律思想史中，是他较早地提出自然法学说。

创作科学　亚里士多德认为创作科学要和实践紧密相联。创作也是一种实践活动。具有创作的特长，善于创作是一种理性的德性。创作的实践和伦理的实践不同，伦理的实践目的只在实践的本身，创作实践的目的和价值则在于产品，诗创作的目的和价值在诗篇之中。创作和求知活动也不同，知识的对象是永恒不变的，是作为真理的真理。创作活动的对象则是可变的，如果对象不可变，创作活动也就无法进行。

他还认为创作的技术广义地说来，就是给予原料以形式。创作的对象有两种，它或者是完成自然所不能完成的东西，或者模仿自然所已经完成的东西。人到世界上来，被赋予几乎获得一切技巧的能力，并且给了他两只手，这是一切工具的工具。

在亚里士多德认为实用技术服务于实际生活，模仿艺术给人以细腻的享受。它净化灵魂，把灵魂从压抑的情绪中解放出来。艺术作品，由于模仿了比通常更美好、更崇高的东西，所以成为道德修养的手段。艺术不模仿个别或偶然的东西，而是模仿个别对象的本质，或者说模仿对象形成的自然趋向。艺术必须把每一个对象按照它所特有的性质加以理想化。这样模仿的结果，虽然被模仿的对象并不比普通对象更美丽、更高尚，以至于相等或更差些，但是，艺术作品却是美的。

美学和文艺理论　亚里士多德的文艺理论著作传世的有《诗学》和《修辞学》。《诗学》主要讨论悲剧和史诗，论喜剧的部分已失传。《诗学》针对柏拉图的哲学和美学思想，就文艺理论上两大根本问题作了深刻的论述。第一个问题是文艺与现实的关系问题。柏拉图认为现实世界是理念世界的摹本，而艺术作品则是模本的摹本。这样柏拉图就否定了现实世界的真实性，因而也否定了艺术作品的真实性。亚里士多德则认为艺术作品所模仿的对象是"人的行动、生活"，这样就肯定了现实世界的真实性。第二个问题是文艺的社会功用问题。柏拉图把感情当作人性中的卑劣部分，他攻击诗人逢迎人心的非理性部分，损害了理性，使人失去对感情的控制。亚里士多德则认为感情是人所不可少的，是对人有益的。他说，悲剧的功用在于引起怜悯与恐惧的感情，使这种感情得到宣泄（或净化），这样，人的心理就恢复了健康。另一种解释是，使这种感情得到陶冶，即使怜悯与恐惧保持适当的强度，借此获得心理上的平衡。总之，亚里士多德认为悲剧对社会道德可以起良好的作用。

亚里士多德认为各种艺术的创作过程都是模仿自然。他所说的模仿是再现和重新创造的意思。他认为诗人应创造合乎或然律或必然律的情节，反映现实中本质的、普遍的东西。所以艺术应该比普通的现实更高，诗也比历史更高。这种模仿既然要揭示事物内在的本质和规律，因此艺术可以帮助人更好地认识客观现实。这个看法是亚里士多德对美学思想最有价值的贡献之一。

亚里士多德指出，人对于模仿自然的作品总会感到快感，悲剧能给人以快感，情节的安排、色彩、文字、音乐的美都能给人以快感，肯定了艺术的价值。

亚里士多德把文艺作品的创作过程看作一种理性活动，而不归功于灵感。他所要求于诗人的是清醒的头脑。

亚里士多德指出，悲剧艺术的组成包括故事情节、人物性格、语言、思想（指思考力）、形象（指面具和服装）和歌曲。其中最重要的是情节，所谓情节，指事件的安排。他强调文艺作品应是一个有机整体。他说："悲剧是一个严肃、完整、有一定长度的行动的摹仿。"情节要有一定的安排，要有内在的密切联系，而且要完整，即要有头，有身，有尾。任何部分一经挪动或删削，就会使整体松动脱节。要是某一部分是可有可无的，变动它并不引起显著差异，那它就不是整体中的有机部分。亚里士多德只强调情节的统一，这是戏剧创作的一个重要原则，至于后世提出的"三一律"中的"时间的统一"和"地点的统一"，则是出于对《诗学》的误解。

亚里士多德认为剧中人物的性格必须善良，性格还必须适合人物的身份，必须与真人相似，而又比一般人更好、更美，也必须合乎事物的必然律或或然律。

《诗学》在古代曾长期被埋没。它对后世欧洲文学的影响开始于15世纪末。17世纪的法国文艺理论家N.布瓦洛的《诗的艺术》，就是模仿亚里士多德的《诗学》写成的，成为权威性的美学经典，在古典主义文学运动中起了决定性的作用。在马克思主义美学产生以前，亚里士多德的理论成为西方美学概念的主要根据。

"修辞学"指演说的艺术。古希腊的演说辞主要是散文，因此演说术也就是散文的艺术。亚里士多德认为修辞术是论辩术的对应物。论辩术指哲学上的问答式论辩的艺术。问者根据对方所承认的命题推出引论来驳倒对方，从而获胜。亚里士多德认为修辞术也是一种艺术，这是对柏拉图把修辞术贬低为"卑鄙的骗术"的回答。

演说中提出的证明主要是用"修辞式推论"（演绎法）推出来的。修辞式推论的前提是或然的事，因为演说中所讨论的事都有另一种可能，所以修辞式推论就是"或然式推论"。

亚里士多德认为听众对演说者的态度不同，他们的判断就不同，所以演说者必须懂得听众的心理。他进而分析感情，如愤怒、友爱、恐惧、怜悯等。演说者还必须了解听众的性格，要了解人们的不同性格才能激发或抑制他们的感情。这是欧洲文学史上最早的性格分析。

亚里士多德的《修辞学》头两卷主要讨论修辞术的题材和说服的方法，他认为这些是修辞学的主要内容。第3卷讨论演说的形式——风格与结构。

亚里士多德首先指出，文章应求其容易诵读，这是一条有用的原则。

关于风格，亚里士多德说，散文的风格不同于诗的风格。散文的美在于明白表达思想，散文的风格不能流于平凡，也不能过分夸张，而应当求其适度。他特别重视隐喻的使用。他说，隐喻可以使风格有所提高而不流于平凡。不要说"生命的老年"，而要说"生命的夕阳"。这一类的隐喻最能使文章风格鲜明，引人注意。至于附加词（包括性质形容词），亚里士多德认为如果用得太多，会暴露作者的技巧，而且使散文变成诗。然而这种词又非用不可，因为它们可以使风格不致流于平凡。使用这种词要掌握分寸，否则比不使用更有害。亚里士多德又指出，各种技巧的使用，都必须掌握分寸。他强调说，作家必须把技巧掩盖起来，使语言显得自然而不矫揉造作；话要说得自然才有说服力，矫揉造作适得其反。这是一条重要的创作原则。

至于散文的句法，亚里士多德认为应当采用紧凑的环形句，而不应当采用松弛的串连句。环形句指本身有头有尾，有容易掌握的长度的句子，这种句子有如圆圈，自成整体，有别于用连接词连接的直线式的串连体。

至于节奏问题，他主张散文的形式不应当有格律，但也不应当没有节奏，没有限制；因为没有限制的话是不讨人喜欢、不好懂的。在西方语言里，这成了一条非常重要的原则。

亚里士多德的《修辞学》是一部论述古代散文写作的科学著作，它为罗马以及后世欧洲的修辞学的发展奠定了基础。

教育思想 亚里士多德的教育观点，主要见于《政治学》与《伦理学》两书，他认为，人的身体和灵魂，如同物质（质料）和形式一样，不可分离地存在着。灵魂有三种：①植物的灵魂，表现为营养与繁殖；②动物的灵魂，表现为感觉与欲望；③理性的灵魂，表现为理智和沉思。前两种灵魂是非理性的，不过动物的灵魂，在某种程度上也可以是理性的，所以也称之为意志的灵魂。与上述三种灵魂相适应的也有三方面的教育：体育、德育和智育。教育的目的在于发展这三个方面，使之达到最高的程度，使体、德、智得到和谐的发展。

理性的和非理性的两种灵魂，有相应的两方面的美德，即理智的和道德的。理智方面美德的产生和发展大体上归功于教育，因此它需要经验和时间；而道德方面的美德乃是习惯的结果。他认为，道德方面的美德没有一种是由于自然而产生的，立法者的职责就在于通过塑造善良的习惯，而使公民们的道德达到完善。亚里士多德认为，理性灵魂的生活在于沉思，即在于纯理论的、思辨的活动，这种活动是一切美德中最美好的。理性活动的生活即是善的行为，也是善的本质。它构成了最高的美德，也是最大的幸福。这是人生最高的目的，也是教育最高的目的。

亚里士多德的思想代表中等奴隶主的利益。他要求教育事业为这一阶层服务。他认为，每一个公民都属于城邦，全城邦应具有一个共同的目的，所有的人都应受同样的教育，"教育事业应该是公共的，而不是私人的"。

在西方教育史上，亚里士多德是第一次试图根据自己关于儿童发展的观点，以年龄来确定新一代生活的分期，并认为这样的分期是符合自然的。他所划分的第一个时期是在7岁以前；第二个时期是从7岁到青春期（约14岁）；第三个时期是从青春期到21岁。他认为7岁以前的儿童应在家庭里受教育，应使儿童习惯于所能忍受的锻炼，但其过程应是渐进的。不应要求儿童学习课业或从事工作，以免妨碍他们的发育。在这一时期，游戏是使儿童活动的一种方法。应注意选择讲给儿童听的神话和故事，并特别留心使他们少与奴隶接触。从7岁起男孩应进入学校。亚里士多德提出，青少年时期通常学习的科目有4种：①阅读、书写；②体育锻炼；③音乐；④绘画。他对于这几种科目的教育目的和用途，曾作了详细的论述。在体育锻炼方面，他主张"实践必须先于理论，身体的训练须在智力训练之先"。他不同意斯巴达人只注重培养儿童勇敢品德的艰苦操练，认为这会使他们变得残忍。他赞成雅典式的训练健美与和谐发展的体育。他说，在体育中首要的，应是锻炼健美的体格而不是野蛮的体格。他认为，音乐之所以必须学习，是因为它对教育、心灵的净化、理智的享受等许多方面都有益处。他指出，必须选用富于伦理性的曲调，对于幼年儿童必须选择兼具幽雅和教育因素的曲调。不过亚里士多德强调，学习音乐是自由民度其闲暇的一种方式，而不是为了追求实用和职业。此外，他还认为绘画可以培养儿童对美的欣赏力和判断力；读书、习字也很重要。他主张，作为父母用以教育孩子的知识，不是因为它在实际生活中有用或必需，而是因为它是自由的和高贵的；只追求有用，不能形成高尚自由的心灵。

关于理性部分的教育，由于《政治学》一书没有完卷，所以不得其详。但从他的其他著作和教育实践中，可以看出，其内容似应包括几何学、物理学、天文学，以及哲学和辩证法。亚里士多德还认为女子的本性不同于男子，所以不能与男子受同样的教育。

亚里士多德思想的影响

亚里士多德思想对以后西方的哲学及科学的发展产生过重大的影响。如在哲学中，现代西方以至世界各地哲学中有许多词汇都导源于亚里士多德，诸如："主语""谓语""形式""质料""实体""本质""原因""偶性"等等。由于亚里士多德在哲学上的混乱、庞杂，所以他的影响是多方面的，甚至是矛盾的。在中世纪的欧洲，正统的经院哲学和僧侣主义抓住亚里士多德学说中僵死的东西，对宗教神学加以论证。它的反对派则利用亚里士多德哲学中的唯物主义因素，反对灵魂不死，传播双重真理。从文艺复兴开始，欧洲的人文主义者力求从原文对亚里士多德的原著加以研究，反对经院哲学家对亚里士多德的歪曲。在现代西方，新托马斯主义又进一步歪曲亚里士多德哲学，为天主教义作辩护。亚里士多德思想在西方的社会科学和自然科学领域中，均产生过方向性的引导作用。由于其历史的局限性，虽然具体结论大多已过时，但没有亚里士多德，便难以理解现代西方文明。

克罗齐

意大利哲学家、美学家、文学批评家、历史学家。生于阿奎拉的佩斯卡塞罗利，卒于那不勒斯。在那不勒斯一所天主教学校接受初等和中等教育，1883年入罗马大学攻读法律。1886年回到那不勒斯从事学术研究和写作。1903年创办《批评》杂志。1910年当选为参议员。1920—1921年任政府教育部长。1925年发表抗议法西斯的《反法西斯知识分子宣言》并退出政界。墨索里尼垮台后，1944年出任政府不管部部长。1947年创建"意大利历史研究所"。

克罗齐深受黑格尔哲学的影响，把精神视为唯一的实在，并在此基础上提出了自己的美学观。他认为直觉是认识的起点和情感的表现，直觉和艺术都表现情感，因此直觉就是艺术。由于人人皆有直觉，故人人都是艺术家和"天生的诗人"；不仅直觉和艺术是统一的，创造和欣赏也是统一的，欣赏乃是用直觉再造艺术家所创造的抒情意象，从而得到与作者本人大致相同的体验和感受；语言在本质上同艺术是一致的，语言就是艺术，而语言学便是美学。在他看来，艺术既不是物理事实和功利性活动，也不能等同于道德活动、概念和逻辑活动。以上思想对现当代西方美学产生了深远影响。

主要著作还有《精神哲学》4卷、《哲学论丛》14卷、《美学与政治》、《意大利史》、《历史唯物主义和马克思主义经济学》、《历史学的理论和实际》和《十九世纪欧洲史》等。

霍布斯

英国机械唯物主义哲学家。

生平与著作 霍布斯生于英国威尔特郡苇斯特波特一个牧师家庭，卒于哈德威克。14岁进牛津大学学习，1608年受聘为大贵族的家庭教师。1610—1637年，先后3次陪同他的学生访问欧洲大陆，在意大利结识了物理学家、天文学家伽利略。1621—1626年期间，与英国哲学家培根交往甚密。1640年，在英国内战爆发前夕，霍布斯流亡法国。在巴黎，他批评了法国哲学家R.笛卡儿的二元论和天赋观念论。在反驳笛卡儿哲学的论战中，霍布斯和法国哲学家P.伽森狄成为同盟者，结为好友。1646年，霍布斯受聘为流亡法国的英国王子（后来的查理二世国王）的数学教师。1651年返回O.克伦威尔统治下的英国。同年在伦敦发表了名著《利维坦》，系统阐述了关于专制主义的国家学说，适应了克伦威尔统治的需要。1655、1658年，霍布斯相继发表了《论物体》和《论人》，实现了他运用机械力学的观点和几何学的方法构造一个包括论物体、论人和论国家三部分的哲学体系的愿望。霍布斯回国后，同布朗霍尔主教展开了关于自由和必然问题的论战，批评了意志自由论，而后又和牛津大学的教授们进行了关于数学问题长达20年之久的争论。1660年斯图亚特王朝复辟后，霍布斯一方面受到他的学生——国王查理二世的礼遇，同时又遭到教会和贵族方面的攻击和迫害。他的著作还有《论公民》《论社会》《对笛卡儿形而上学的沉思的第三组诘难》等。

论物体 "物体"是霍布斯哲学体系的基本范畴。在《论物体》中，霍布斯指出，"物体是不依赖于我们思想的东西，与空间的某个部分相合或具有同样的广延"。他认为宇宙是物体的总和，它的每一部分都是具有长、宽、高的有形物体；经院哲学所谓的"无形体的实体"，如同说"圆的方形"一样荒谬。笛卡儿的二元论也是错误的。

《利维坦》（1651 年版）

因为从事思想的东西必定是有形体的东西，绝不能把思想同进行思想的物体分开。如果说"上帝"是无形体的，那它就是不可知的，哲学应当排除神学。霍布斯从机械唯物主义一元论出发批评了二元论、唯心论和神学。17、18 世纪在欧洲，"霍布斯主义"和无神论几乎成了同义词。

按照霍布斯的观点，运动是一切事物的最一般的原因，一切变化都在于运动。动者恒动，静者恒静。运动就是物体"不断地放弃一个位置，又取得另一个位置"。他运用 17 世纪力学中将一切事物均用机械运动的原理加以解释的方法，把运动仅仅归结为机械运动形式。

霍布斯认为，哲学是关于物体的原因与结果的关系的科学。整个世界就是原因与结果必然联系的链条。一切均受因果性的制约。既然一切事物都是有原因的，那么一切事物就都是必然地发生的。人们通常把那些还没有知道其发生原因的东西称作偶然。事实上，一切所谓偶然发生的东西都有其必然的原因，不存在什么偶然的东西。霍布斯的因果学说是机械决定论。

论人 霍布斯力图运用他的机械唯物主义自然观来解释人。在他看来，人和自然并无本质的区别。人似钟表，心脏即发条，神经乃游丝，关节似齿轮，生命不过是肢体各部分的和谐运动。

霍布斯继承了培根的经验主义路线，认为"我们所有的一切知识都是从感觉获得的"，不存在什么天赋观念。人们通过感觉获得关于对象的性质的种种知识，但感觉只是人们认识物体性质的方式。不要以为物体的性质就如同感觉所告诉我们的那样存在于物体里。他指出，颜色并不存在于对象之中，而只是对象的某种运动作用于我们感官的结果。他在这里看到了感觉这种主观认识形式同客观事物性质之间的差别。揭示了感觉的主观性、相对性，但他有时又陷入另一极端，把感觉看作是纯粹主观的心理状态、原始的"幻影"，偏离了反映论。

霍布斯是英国唯名论传统的继承者。在《利维坦》中，他指出，

"世界上没有共相，而只有名称，因为，被命名的事物，每一个都是个别的，单独的"。普遍名称只是指示人们了解同类事物中每个个别事物，帮助人们记忆的记号。真理在于名词的正确使用和排列。

霍布斯把机械论贯彻于认识论的研究。他认为，知识发端于感觉和想象，但探明事物的原因则是推理的工作。所谓推理实际上就是观念的加或减的计算，或者是把一些观念加在一起组合成一个新的观念，或者是从一个观念中减去其中包含的另一些观念，把它们分离出来。在推理活动中确实包含了大量的机械运算的内容，这方面的推理活动可以为计算机器所代替；但是，他把人类的理性活动统统归结为机械性的活动，这就忽略了它的社会性和能动的创造性的本质。

霍布斯还以机械运动原理解释人的情感、欲望，认为人的本性就是无休止地追求个人利益和权力。采取一切手段去占有一切，乃是每个人都具有的天赋的自然权利。他把那种尚无公共权力压服一切、人们完全按照自己的本性而生活的状态称作"自然状态"。在这种状态中，每个人都力图实现占有一切的自然权利，于是彼此争夺不已，从而陷入"一切人反对一切人的战争"之中。然而，要求自我保存和对死亡恐惧的本能，必然使人产生摆脱普遍战争状态，追求和平的意念。于是，理性便出来教导人们，不能单凭自己的情欲去生活；应当接受那些大家必须遵守的共同的生活规则或公约，即所谓"自然法"。"自然法"是理性颁布的道德律令，第一条就是："寻求和平，信守和平"。为了和平，人们必须放弃力图占有一切的自然权利，承认他人具有和自己同样多的自由。霍布斯竭力摆脱神学，企图从人的情欲和理性中寻找社会动乱和安宁的根源，从人的理性中引出道德原则。这在当时的历史条件下具有反封建的积极意义。

论国家 国家学说是霍布斯哲学的中心课题。在他看来，国家是一种人工物体，是一部人造的机器人；主权为灵魂，官吏为骨骼，财富为体力，赏罚为神经，民和为健康，民怨为疾病，内乱为死亡。

霍布斯认为，"自然法"只具有道德上的约束力，如果没有强有力的公共权力，它就不能贯彻执行。为了使"自然法"得到切实的遵守，人们便订立契约，把他们的自然权利（除"自我保存"这一点）转让、交付给一个人或一些人组成的议会，这就是"国家"。国家凭借被赋予的最高权力，按照"自然法"制定国家法律，强迫人们遵守，以保证国内和平，抵御外敌。

霍布斯的社会契约说的特色在于他用这种学说论证专制主义的合理性。他认为，统治者并非缔约的一方，因此它不受契约的限制，也无所谓违约的问题，其一切行为均是正义的；统治权绝对不可分割，立法、司法、行政、军事、财政等权力均应集中于统治者手中，权分则国分，国分则内乱必起；政权和教权必须统一，教会只有得到统治者的批准才能成立，信徒必须服从本国的元首，信仰本国法律所允许的教义。更为重要的是，人民一旦交出了权力，便永远不得收回。统治权一经契约建立，便永远不可转

让。图谋废除君主，转让统治权，就是破坏契约，必受惩罚。不过，霍布斯并没有把这个思想贯彻到底。这是因为庇护他的克伦威尔政权正是通过推翻斯图亚特王朝而建立起来的。因此，他不得不对他的统治权不可转让论作某些修正，说臣民服从统治者的义务依赖于统治者能够保护他们的安全这一前提，如果统治者一旦不能尽到这个职责时，臣民就可以解除服从原统治者的义务，寻求新的保护者。霍布斯的专制主义理论具有明显的反民主性质。不过，他摒弃君权神授论，坚持用人的眼光观察国家，这在当时具有反封建的意义。

霍布斯是欧洲近代哲学史上的第一个机械唯物主义者。他的机械唯物论和无神论在18世纪的法国得到了发展。他的人性论和社会契约论对后来欧洲社会政治学说的发展也有很大影响。

伦理思想 霍布斯的伦理思想与他关于人、国家的观点是一致的。他运用形而上学机械论的方法分析社会和人，把人看作是自然的产物，把外物作用感官产生的苦乐

感觉作为道德的来源，认为凡有利于生命运动、产生快乐的是善，不利于生命运动、产生痛苦的就是恶。

霍布斯提出，在没有国家和法律的自然状态下，人人都有追逐私利的平等的自然权利，必然导致互相为敌，互相残杀。为了安全和共同生存，每个人必须放弃一部分权利，把它交给国家，并订立契约，用自然法约束自己。一旦人们订立契约进入社会状态以后，就产生法律和道德。道德由自然法规定，自然法是理性的普遍规则，它规定人要自爱自保，"己所不欲，勿施于人"。他把判断道德的根本标准归之于国家法律，强调君主的绝对人格和法律的绝对权威。霍布斯的伦理思想在一定程度上是对封建制度的批判和否定，反映了英国资本原始积累时期的残酷竞争状况，表达了新兴资产阶级要求自由剥削的强烈愿望，也表现了对封建贵族的妥协。他的伦理思想为后来英国的功利主义伦理思想奠定了基础，对B.斯宾诺莎和C.-A.爱尔维修等人的伦理思想产生过直接影响。

洛 克

英国唯物主义经验论哲学家。他是在宗教、政治学、经济学、教育学等方面有巨大影响的思想家。生于英国萨莫塞特郡的林格通，卒于埃塞克斯郡的奥茨。

生平和著作　洛克父亲是一位乡村律师，拥护英国资产阶级革命，并参加了反对王党军的战斗。1647年洛克被送到著名的威斯敏斯特学校学习。1652年秋，他进入牛津大学基督堂学院。1658年获硕士学位。1660年留校任教。从1657年起，他开始从事医学和实验科学研究，结交了当时许多著名的科学家，其中与R.玻意耳的交往尤为深厚。1668年他被选为英国皇家学会会员。1675年获医学学士学位。

1667年，他治好了当时颇有名望的政治活动家、后来被封为沙甫兹伯利伯爵的阿希莱勋爵的痼疾，随即应聘为他的家庭医生和秘书。从此，洛克步入英国政界。阿希莱是英国资产阶级和新贵族的政治代表，领导议会中的反对派，即后来形成的辉格党，与王党势力进行了反复的政治斗争。他的政治权位时起时伏，洛克的政治命运也随之沉浮不定。

洛克在从政之余，仍从事医学、科学和哲学问题的研究。1671年洛克与几位朋友聚会，探讨人类理智能力本身的性质和限度问题，并在聚会上作了两次发言。这就是他写作《人类理智论》的发端。

从1675年起，洛克到法国疗养和旅行了4年，深受P.伽森狄唯物主义哲学的影响。1679年回国

后陷入复杂的党派斗争之中。1681年阿希莱在政治斗争中失败被捕。洛克被牵连，受到政府监视。1683年洛克逃亡荷兰。同年，辉格党支持的蒙莫斯公爵发动的起义失败，洛克被认为是蒙莫斯的支持者而被列入"叛国犯"的名单。英王要求荷兰政府引渡他。但信奉新教的荷兰政府对信奉旧教的英王朝的要求并不热心，洛克得以在荷兰继续居留。洛克的重要理论著作大多是在荷兰完成的。1683年，他经常与友人克拉克夫妇通信，主要内容是讨论其女儿的教育问题。1693年以《关于教育的一些意见》为题予以出版。1685—1686年以与荷兰友人林堡克通信的方式，用拉丁文写成《论宗教宽容》（第一封信），1689年在荷兰化名出版。约在1687年，完成了他的主要哲学著作《人类理智论》。1688年11月，英国资产阶级与贵族地主阶级达成政治妥协，发动反斯图亚特王朝的政变，史称"光荣革命"。洛克1689年回国后，接受了上诉法院专员的职务。1696年又被任命为贸易和殖民复兴委员会的专员。但他此后的主要活动是

从事理论著述以及应付由此而引起的论战。1690年出版《人类理智论》。1691年出版《论降低利息和提高货币价值的后果》。1695年又写了《再论提高货币价值》，奠定了洛克在经济学史上的地位。1695年写了《基督教的合理性》。他在宗教问题上的观点，受到教会人士的攻击。他后期集中精力研究宗教宽容问题和圣经，不断著文答辩。他晚年退隐到艾塞克斯郡的奥茨。

哲学思想　洛克对哲学的目的和任务作了新的规定，认为传统哲学在用理智从事哲学研究的时候，往往不考察理智本身的能力，不知道人类知识的起源、本性和范围，结果便妄谈天赋观念的存在和作用，被意义不清的术语引入迷途，鲁莽地闯进不能找到知识的领域，对不可知的事物妄发议论，兴起没有意义的争辩，产生否定知识的怀疑论。他提出，要把对人类理智本身性质和能力的考察作为哲学研究的第一步，通过这种考察，"探讨人类知识的起源、确定性和范围，以及信仰、意见和同意的各种根据和程度"。这个新的提法后来受到

I.康德的注意，成为康德"批判哲学"的先声。

一切知识来源于经验　洛克认为无论在思辨领域，还是在道德实践领域，都不存在作为知识源泉和基础的天赋观念，必须把天赋观念作为知识的主要障碍进行批判。他认为人生之初，心灵犹如一张白纸，没有任何标记。只有后得的经验才在这张白纸上写上观念的文字。他说，我们的全部知识是建立在经验上面的；知识归根到底都导源于经验。因此，他表示甘愿充当一名"小工"，为建造知识大厦扫除障碍，准备地基。

经验的内容和实质　洛克认为经验有两种，即对外物作用的感觉和对内心作用的反省。他总结了德谟克利特的原子论和17世纪机械唯物主义的微粒说，认为世界万物均由物质微粒组合而成。在此基础上，他把物体的一切性质或能力分为第一性的质和第二性的质两类。前者指物体的坚实、广延、数目、静动等；后者指由第一性的质所派生的、使他物发生变化的能力，以及在我们感官上产生颜色、声音、

气味、滋味和冷热、硬软等感觉的能力。它们都是我们一切感觉的物质基础和客观源泉,但只有关于第一性的质的感觉才与产生它们的物体性质相似,而第二性的质在我们心中产生的各种不同的感觉则与产生它们的物体性质完全不相似。

对观念的分析 洛克认为观念起源于外物的性质或能力对我们感官的作用。由不同性质的经验产生的感觉观念和反省观念有简单和复杂之分。简单观念是原始的观念,是构成一切知识的基本材料。人心凭它自身的能力,把这些简单观念加以组合、比较和抽象,构成一切复杂观念。一切崇高的思想,都来自经验的简单观念。这就是洛克对于知识来源于经验的原理所做的论证。这个原理,过去的唯物主义者早已提出,但作系统的论证,则是洛克的独特贡献。他对天赋观念论的批判和对知识来源于经验的论证,适应了近代实验科学的要求。

对知识的分析 洛克的经验主义立场并未在认识论的一切方面彻底贯彻,表现在:

①在知识的性质和等级的问题上,洛克受到 R. 笛卡儿唯理论思想的某些影响。他把观念当作人心进行思维和推理的直接对象,而把知识说成是对观念间是否一致的知觉。他把知识划分为三个等级,即直观的、证明的和感性的。他认为直观知识是人类认识能力所能得到的最清楚最可靠的知识,却把感性认识摆在最低等级。为了使这种唯理论思想倾向与经验论相调和,他提出,知识虽立足于对观念间是否一致的知觉,但作为真理,这种一致必须符合于客观事物的真相。

②在关于知识的范围和界限问题上,洛克通过对人类理智能力的考察,认为我们既不可能有关于物体的科学,也不可能有关于精神和神灵的科学。因为这两门学问乃是关于实体观念,即关于物质、精神的知识。所谓实体观念无非是共存于一个实体中的各个性质观念的集合体。我们对这些性质观念的共存关系不可能有必然的知识。对共存关系的认知,既不来自直观,也不得自逻辑论证,而依赖于经验的陈述。从物理方面说,集合于实体观念中的诸简单观念,乃是实在事

物的性质或能力在感官中引起的结果。这些性质和能力是由物体的实在本质或原始性质，即物质微粒组成物体时的组织结构、数量关系和运动决定的。只有认识了物体的这种实在本质，才可以认识到物体各种性质之所以必然共存的内在根据。洛克这种自然观要求哲学和科学从自然的外部属性深入到物质微粒的内在结构中去，具有深刻的科学含义。可是他却认为，物质微粒非常微小，永远不能为感官所认识，即使感知到它们，实在本质和外部属性之间也没有可发现的联系，仍不能由此而推论出物体的各种性质及其在人类感官中所产生的诸简单观念之间是否必然共存。洛克承认自然的进程是有规律的，一定的原因总是产生经常一致的结果。但在原因和结果之间找不出必然的联系，只能根据日常经验进行类比，从相似物体的日常结果来推断它在相似场合下所能产生的结果。这样得到的知识只有概然性，理智在实体（物体、精神）方面远达不到科学的程度。洛克要求哲学家在物质能否思想，灵魂是否非物质实体等问题上要谦抑从事，安于无知；在理性与信仰、科学与宗教、唯物主义与唯心主义之间采取妥协态度。这一部分理论是休谟哲学的理论源泉。

③洛克肯定数学和道德学知识不仅有必然性，而且还是符合于实在本质的实在知识。在他看来，数学的基本观念数与形和道德学的基本观念善与恶、正义与不义都是样态性的观念。样态观念是心灵自由集合一定的简单观念构成的。这些简单观念就构成了它们的实在本质，在逻辑上表现为规定其本质的定义。样态观念本身就是原型，它们不但不必符合于客观存在的事物，相反，倒是应用主观构成的样态观念去衡量客观的各种情状。如果它们符合于这些观念的实在本质和定义，便赋予它们以相应的名称。例如三角形状的观念便是一种实在本质。据此把符合这种实在本质的图形称为三角形。就数学而言，不是观念必须符合于实在，而是事物与观念相符合。道德学亦是如此。它的真理与确实性在于我们构成的道德观念自身，然后以此去

衡量道德行为的善与恶、正义或不义。这样，数学与道德学才是实在的知识，才有可能成为科学。这种知识论为德国哲学家康德的先验唯心主义播下了种子，成为所谓"哥白尼式转向"的先声。洛克在论知识中得出的结论不符合他的经验主义原则，但提出的问题是深刻的。

宗教观 17世纪英国资产阶级与封建王室的政治斗争是和基督教新教与天主教、清教与国教的斗争紧密相连的。各教派都把自己标榜为"真正的宗教"，把本派教义奉为上帝的启示和《圣经》的真义，把对方视为"异端"，彼此进行迫害。在洛克的时代，结束宗教迫害，实行信教宽容是一个迫切的政治问题。随着1688年英国资产阶级与封建贵族之间的政治妥协，也要求实现宗教信仰上的妥协。洛克一向主张宗教宽容，反对宗教狂热。他在论宗教宽容的书信中，谴责了盛行于世的宗教迫害之风。为了剥夺教会和政府对不同信仰者进行迫害的权力，保障宗教宽容的实现，洛克从理论上考察了教会及政府的性质和职能，提出了政

教分离的原则。在《基督教的合理性》中，他试图通过对《圣经》的研究，把宗教建立在理性的基础上。他认为基督教的根本教义就是相信耶稣是救世主，做一个基督徒只要信奉这一条就够了。通过这种简化信条的办法，找到克服教派分歧、实现宗教宽容的途径。洛克还认为启示只能信仰，不能证明，各派教义是否确是上帝启示的真理，只能由个人内心去判断。信奉哪派宗教，应让每个人自己去选择。这样，洛克便从知识的范围和相对性出发论证宗教宽容的必要性。

政治学说 洛克是"光荣革命"时期资产阶级主要的政治思想家。他的主要政治理论著作《政府论》的基本精神就是保护公民的自然权利，论证资产阶级民主制度的合理性。据近年来的研究，此书初稿写于辉格党反对查理二世的斗争高潮之际。洛克写作这本书显然是为这一斗争作舆论准备的。"光荣革命"的胜利使英国实现了从封建君主制到资产阶级和新贵族的立宪民主制的转变，同时也给洛克提出了为这种转变提供理论辩护的任

务。《政府论》批判了英国保王派政治家 R.费尔默关于君权神授的理论，论证君主和政府的权力来源于人民通过民主协议而达成的社会契约。人们建立政府的全部目的只是为了保护人民根据自然法而享有的自然权利。为了防止专制暴政，洛克提出把立法权、执行权和对外权分属不同部门掌握的三权分立说，对资产阶级国家制度的发展产生了巨大影响。

洛克还主张在政府与人民的争执中，人民是最高的裁判官，如果政府侵犯人民的自然权利，人民就拥有反抗政府的权利。这是洛克政治学说中一个重要部分，它为17世纪英国资产阶级革命提供理论辩护，对其他国家反对封建专制暴政的斗争也有广泛影响。洛克被公认为资产阶级民主主义政治理论的主要奠基人之一。

教育思想 洛克在批判天赋观念论中，提出天赋的智力人人平等，"人类之所以千差万别，便是由于教育之故"的观点。他认识到教育的巨大作用，并主张任何人在教育上都不应有特权，反对封建的等级教育制。但他又宣称，"上帝在人类的精神上面印上了各种特性"，而这些"特性""只能稍微改变一点点"。他又贬低了教育的作用，为资产阶级新贵族的政治、教育等级制的谬论留下伏笔。他一面否定天赋的上帝观念，认为不必探索上帝的不可思议的本质与存在；另一面又宣称在绅士教育中要在儿童心里印上"上帝的观念"，要信上帝，爱上帝，向上帝祷告。

他的教育思想主要是"绅士教育"论。认为绅士教育是最重要的，一旦绅士受到教育，走上正轨，其他人就都会很快走上正轨。绅士应当既有贵族气派，又有资产阶级的创业精神和才干，还要有健壮的身体。绅士要反对娇生惯养，应锻炼出一副能忍耐劳苦的体魄。绅士的教育要把德行放在首位，基本原则是要以资产阶级利己主义的理智克制欲望，确保获得个人的荣誉和利益。绅士要培养礼仪，按照等级与地位，善于自处，在言行上对人谦恭有礼。绅士在培养德行与礼仪时，都要多与上流社会的人交往，防止"下贱的仆人"教唆，以便通过实践锻炼，养成良好的习惯。绅士需要的主要是"事业家"的知识，学习的科目不必注重古典，要扩大实用学科。他还认为普通的学校里集中了"教养不良、品行恶劣、成分复杂"的儿童，有害于绅士的培养。他歧视劳动人民及其子女的教育。

洛克的教育思想，反映了刚刚夺得政权的英国资产阶级为巩固资产阶级专政与发展资本主义生产而奋发上进的精神，也充满了资产阶级的名利思想，对后来西欧的教育思想，特别是 18 世纪法国的教育思想有很大的影响。

思想影响　洛克思想的影响是深远和多方面的。他的唯物主义经验论成为 18 世纪法国唯物主义哲学的理论源泉。他对人类理智的性质和能力、知识范围和界限的考察，影响了休谟的不可知论和康德的批判哲学，也影响了 G. 贝克莱的主观唯心主义。他的宗教观促进了 18 世纪的自由思想和自然神论运动。他的政治学说被孟德斯鸠和卢梭继承和发展，构成资产阶级民主主义或自由主义理论的基础。

休　谟

18 世纪英国经验派哲学家、不可知论者、历史学家。

生平和著作　休谟生于苏格兰爱丁堡一个不富裕的贵族家庭，卒于爱丁堡。3 岁时丧父，由母亲抚育成人。11 岁进爱丁堡大学，14 岁或 15 岁时离校，以后在家自修。1729 年起专攻哲学。1732 年他刚满 21 岁就开始撰写哲学著作《人性论》。1734 年去法国自修，继续哲学著述。1736 年此书基本完成。1745 年他给一位年轻的侯爵当家庭教师。1746 年任辛克莱将军的秘书，随军出征法国，败归。1748 年随辛克莱出使维也纳和都灵。1749 年回家乡，潜心著述。1751 年移居爱丁堡市。次年，被选为苏格兰律师协会图书馆管理人，于是利用馆藏资料，撰写英国史。1763 年应英国驻法国大使海尔特福德伯爵邀请，任使馆秘书；1765 年升任使馆代办。休谟在巴黎期间，同法国启蒙思想家狄德罗、J.le R.达朗贝尔、C.-A.爱尔维修、P.-H.D.霍尔巴赫等人交往甚密。1766年初休谟回国；一年后，经国务大臣康威将军推荐，任副国务大臣。1769年8月退休返爱丁堡。1776年病逝。

休谟的主要哲学著作：《人性论》第1～2卷（1739），第3卷（1740）；《道德和政治论说文集》第1卷（1741），第2卷（1742）；《人类理智研究》（1748）；《道德原理研究》（1751）；《宗教的自然史》（1757）；《自然宗教对话录》（1779）等。

精神哲学　休谟生活在英国资产阶级"光荣革命"结束到产业革命开始的社会变革时期。为适应时代的需要，休谟从经验论观点出发，提出了以动摇于唯物主义和唯心主义之间的怀疑论为特色的哲学体系。

休谟在概述自己的哲学体系时指出，全部哲学可以区分为自然哲学和精神哲学两大部分，而科学的哲学研究方法是实验和观察的方法。自从F.培根以来，哲学家和自然科学家已经运用这种方法建立起自然哲学的体系。但是，在精神哲学方面，尽管英国的J.洛克、A.A.C.沙夫茨伯里等哲学家作了一些努力，但由于没有抓住"人性"这个根本，仍然没有建立起一个新的体系。休谟给自己提出任务：应用实验推理的方法，直接剖析人性本身，以便建立一个精神哲学的体系。作为这个体系的基础的"人性"本身，他认为主要由两部分构成，即理智和情感。他对"理智"的研究是关于认识论问题的论述，对"情感"的研究是关于社会伦理和政治问题的考察，对宗教问题的探讨同理智原理和情感原理都有联系。他的精神哲学体系，大致包括认识论学说、社会伦理、政治学说以及宗教哲学学说等几个部分。

认识论学说　休谟继承并贯彻洛克和G.贝克莱的经验论观点，对人的认识能力"理智"和认识的构成要素"知觉"进行剖析，形成了怀疑论的认识论学说。主要内容是：

①知觉论和怀疑论。休谟在对经验的具体分析上和洛克有所不

051

同。洛克认为"观念"是知识的基本要素，把一切观念归于感觉和反省这两个源泉。休谟则把"知觉"作为知识的基本要素，并把知觉分为两类，即印象和观念。他认为印象是指人们在听、看、触、爱、憎时所产生的较活跃的知觉；观念则是在反省上述感觉时人们所意识到的一些较不活跃的知觉，这样的观念也就是思想。休谟进一步把印象也分为两类，即感觉和反省，他认为反省印象在相应的观念之前产生，但却出现在感觉印象之后，而且是从感觉印象得来的。这样，休谟把感性认识和思维都归在知觉之下，并且把反省和观念都归结为感觉印象。他在对经验的分析上与贝克莱也有所不同。贝克莱认为除感觉外还有心灵自我存在，而休谟则把心灵自我也说成是一束知觉。这表明休谟在继承洛克和贝克莱的经验论时，着力于把经验论贯彻到底。

对于"感觉印象从何而来"这一认识论的根本问题，休谟持"存疑"态度。他声称："至于由感官所发生的那些印象，据我看来，它们的最终原因是人类理性所完全不能解释的。我们永远不可能确实地断定，那些印象是直接由对象发生的，还是被心灵的创造能力所产生，还是由我们的造物主那里得来的。"这种既不用物质对象的作用来说明感觉印象，也不用心灵或上帝的作用来说明感觉印象，是休谟的怀疑论即不可知论的基本观点。

尽管休谟极力回避回答物质或精神本原的问题，但他的怀疑论哲学并未超脱唯物主义和唯心主义两条路线，而是动摇于两者之间。当他承认全部知觉依赖于身体的器官，承认感觉的产生有其自然的物理的原因时，他是在向唯物主义方面靠拢。当他把感性知觉同物质世界割裂开来，断言"确实知道的唯一存在物就是知觉"，"永远不能由知觉的存在或其任何性质，形成关于对象的存在的任何结论"时，他就陷入了主观唯心主义。

休谟把自己的哲学称作"温和的怀疑论"，以区别于古希腊皮浪的"过分的怀疑论"。休谟的怀疑论固然限制了认识，但是他并不完全否定认识。反之，他肯定人的心灵赋有一些认识能力，提出了研究人类理智能力的任务。

②知识论和因果论。休谟认为人类的理智有两种作用，即推断各种事实和比较各个观念。同样，人类的知识也分为两类，一类是关于实际事情的知识；包括自然科学、自然哲学和历史学等，这是建立在经验基础上的因果性知识；另一类是抽象科学和证明的知识，即数学知识。他认为这后一类知识的命题，只凭思想的作用就可以推导出来，毋须依据宇宙中任何地方存在的任何东西。显然，在对普遍必然的数学知识的解释中，休谟实际上对唯理论和先验论作了让步。

休谟认为建立在经验基础上的因果性知识构成了大部分的人类知识，是人类一切行为的源泉。因此，他着重探讨了因果性问题。他按照怀疑论观点，不承认对于客观规律性的任何断定，而局限于对各个现象间、各个观念间因果联系的考察。他指出，因果之间有一种前后相承的关系，可是"后此"并不就是"因此"。因果联系观念的基本条件在于必然的联系，就是说，有果必有因，有因

休谟手迹

必有果。这种因果联系的发现不是凭借于理性，而是凭借于经验。不过，单独一次经验并不足以形成因果观念，只有当类似的现象多次重复或经常集合在一起，并从而在人的心灵上产生习惯性的影响时，才能形成这种观念。他认为因果联系只存在于心中，而不在对象中，陷入了主观唯心主义。

社会伦理和政治学说　休谟应用"实验推理的方法"考察人性的另一个部分，即"情感"方面的问题，从而提出了他的社会伦理和政治学说，主要包括：

①快乐主义伦理学原理。休谟以感觉论观点考察人的情感，说明伦理问题。他认为情感的本性是关于快乐和痛苦的感觉，一切道德都是建立在这些特殊的感觉基础上的。道德的本质在于产生快乐，恶的本质则在于给人痛苦。

休谟把人的情感区分为直接的和间接的两类。所谓直接的情感即是由苦乐感觉所直接产生的结果，如欲望和厌恶、悲伤和喜悦等。所谓间接的情感，是指那些引起苦乐感觉的对象由于同我们自己或别人发生某种联系而间接地产生的情感，如骄傲和谦卑、爱和恨等。这些间接的情感就是休谟伦理学所要考察的主要对象。

休谟批判基督教把谦卑列在诸道德之中，把骄傲看作是一件恶事。同封建神学伪善的禁欲主义相反，他认为有节制的骄傲能够鼓励人们去经营事业，能够给人带来快乐，那些引起谦卑和恨的感情的性质则是真正的恶事。

②功利主义伦理学思想。休谟认为快乐和利益是一致的。凡属有利的，即是令人愉快的，是善的，反之就是恶的。人们都趋乐避苦。自私是人的天性。同时，他又认为人们还有同情心，能够使人们超出自我的圈子，对公众的利益和别人的幸福怀有关切的感情。

③社会契约说。休谟认为体现公共利益的那些"正义"原则，如财物占有的稳定性，是很明显的，是容易被大家理解和接受的。因此人类不会长期停留在以前社会的野蛮状态。所谓"自然状态"，不过是哲学家们的虚构。人类的最初状态就有社会性。他指出，那些体现

公共利益的正义法则不是自然形成的，是通过人们公共的协议而建立起来的。正是通过这种协议，才确立私有制，并且建立政府，以保障私有制和公共的福利。利益是政府所赖以建立的直接依据，当执政者严重损害臣民利益，以至其权威变得不可忍受时，臣民也就没有服从他的义务了。他反对专制暴政，反对封建王朝的复辟。但是他又认为革命总会引起动乱和无政府状态。他害怕民众政权，主张在政治斗争中要中庸适度，在政府既经确立之后，就要忠顺和服从它，以便维持社会的安宁和秩序。

宗教哲学学说 休谟应用他的经验论、怀疑论和快乐主义伦理学观点，对有关上帝观念和宗教的问题，作了详细的考察和专门的论述。主要内容是：

①批驳上帝存在的证明。休谟认为，以往对上帝存在的证明是缺乏根据的。因为如果怀疑外存的世界，就会更茫然地找不出证据来证明那个神明的存在或它的任何属性的存在。对于当时最为流行的"宇宙设计论"的证明，他指出，建造房屋诚然需要由建筑师设计，但以此为根据而推断有一个世界造物主存在，那是违反一切类比规则的。因为这两者相似的程度比太阳和蜡烛相似的程度还要小得多。对于当时广泛愚弄群众的"神迹"，休谟揭露说，一切神迹已经被经常一律的经验所驳斥；那一部充满神迹的《摩西五经》完全是假造的。与此同时，他反对无神论的观点，认为这种观点涣散人们的道德联系，有害于社会生活的安宁，应予排斥。他按经验论观点解释上帝观念的来源。他指出，人们把关于自身的智慧、善良和力量的特殊观念无限地加以扩大，最后就形成全知全能、尽善尽美的上帝观念了。

②论宗教的起源。休谟探讨了从多神教到一神教的发展过程。他指出，由于原始人对自然现象的无知，把它们当作希望和恐惧的对象；人们的想象力又把它们加以拟人化，用爱憎使之成为现实，用祈祷和供奉来感动它们。这就是偶像崇拜和多神教的来源。此后，在人们对生活和幸福的追求中，把这些简单的神祇观念逐步加以扩大，最

后形成了统一的无限完善的上帝观念，就产生了一神教。

③揭露宗教的危害作用。休谟指出，民众宗教的基本特征是野蛮和怪异。那些犯极大罪行、干最危险勾当的人，通常都是最迷信的人。教会和僧侣对于狂热的暴行不但不加制止，反而加以利用。因此，基督教成了分裂和宗教战争的舞台，给人们带来巨大的灾难。

休谟虽然批判宗教，但并不完全否定宗教。他认为，证明上帝存在或不存在都是不可能的，但信仰上帝，却是可以的，而且是必要的。在他看来，宗教信仰是社会的最坚固的支柱。对普通群众需要借助宗教来加以控制，而学术界人士则需要通过怀疑论哲学使自己成为健全的、虔诚的基督教徒。

历史地位和影响 休谟的哲学是近代欧洲哲学史上第一个怀疑论的哲学体系。休谟和康德一样，在哲学的发展上起过很重要的作用。康德承认，休谟的哲学打破了他独断论的迷梦，促使他建立了批判哲学。休谟的怀疑论为19世纪英国非宗教的哲学思想提供了理论。赫胥黎是在休谟怀疑论外衣下发挥了唯物主义思想。休谟的怀疑论观点为实证主义者、马赫主义者和新实证主义者所继承，对现代西方资产阶级哲学产生了广泛的影响。

孟德斯鸠

法国启蒙思想家、哲学家。出身于波尔多附近拉布雷德城堡的贵族家庭，卒于巴黎。1705年入波尔多大学攻读法律。1716年继承伯父爵位，任波尔多高等法院院长，获男爵封号。1721年匿名发表《波斯人信札》，以两名波斯游客通信的体裁，讽刺路易十四及1715—1723年摄政时期的法国专制制度，嘲笑上流社会的恶习和荒淫无耻，谴责宗教迫害。1726年，出卖了世袭的院长职务，潜心著述，漫游欧洲各国。1729—1731年在英国期间，研究洛克等人的著作，赞赏英国议会制度。1734年，发表《罗马盛

衰原因论》一书，他认为罗马所以兴盛是由于实行共和制，所以衰败则由于实行专制暴政。1748年他的名作《论法的精神》问世。此书的副标题是"论法律与各国政府体制、风尚、气候、宗教、商业等等的关系"。它不仅是一部法律、政治著作，而且用自然和社会因素来说明各国历史和不同制度的特点，以彻底否定流行的神学史观。他揭示国家的目的在于保护政治自由，而自由就是每个公民有权去做被法律所许可的事。他把政权分为立法、司法、行政三个部分，并强调彼此的分立和约束：立法权必须操在人民代表手中，行政权则归属世袭君主，司法权由选举产生的常任法官掌握。这个著名的三权分立理论后来成为许多资产阶级国家宪法的理论基础。孟德斯鸠的出发点实际上是为了维护贵族和法院的特权，以此约束专制王权。他只希望改革君主制度，并不想彻底消灭它。但他批判封建专制暴政，痛责宗教迷信和奴隶贸易，宣扬人权、政治自由和信仰自由等思想，在当时的历史条件下，起过巨大的进步作用。

孟德斯鸠的学说对中国资产阶级改良派也发生过影响。1904—1909年，严复将《论法的精神》一书以《法意》为名译成中文出版。

伏尔泰

法国资产阶级启蒙思想家，18世纪法国启蒙运动的领袖和导师。

生平和著述　伏尔泰原名弗朗索瓦－马里·阿鲁埃（François-Marie Arouet），生于巴黎一个富裕的资产阶级家庭，卒于巴黎。伏尔泰在求学时期受到自由主义思潮、特别是 P. 贝勒反对宗教狂热著作的影响，中学毕业后致力于文学创作，发表揭露宫廷腐败和教会专横的讽刺诗，于 1717 年和 1725 年两次被投入巴士底狱，并从 1726 年起被迫流亡英国。在英国，伏尔泰努力学习英国资产阶级的先进思想，成为牛顿和洛克的信徒。

伏尔泰于 1729 年回到法国，积极开展启蒙宣传活动。他在 1730—1732 年，连续发表了悲剧《布鲁杜斯》、历史著作《查理十二史》，对宗教偏执和封建专制主义作了尖锐的揭露和抨击。1734 年伏尔泰发表了《哲学通信》，全面论述了他的哲学和政治思想。这一重要著作出版后，立即遭到查禁，伏尔泰被迫逃亡到洛兰省边境的西雷城堡。伏尔泰在这里住了 15 年，完成了大量著述。主要哲学专著有《形而上学论》《牛顿哲学原理》等。1750 年，伏尔泰应腓特烈二世之邀，怀着劝说这位普鲁士王推行开明政治的幻想来到柏林，在德国逗留了四五年。这期间他出版了重要史学专著《路易十四朝纪事》，系统地论述了他关于实行开明君主制度的政治主张。当伏尔泰终于认识到自己被这位伪善的专制君主欺骗和利用以后，便于 1755 年不辞

而别，到法国和瑞士边境一个偏僻地方凡尔那购置地产定居下来。

从此，伏尔泰开始了反封建战斗生活的新阶段。他加强了与国内外著名学者的联系，热情支持百科全书派的狄德罗等新一代启蒙学者，利用各种斗争形式抨击宗教狂热和封建王朝的罪行，推动了为民主自由而进行的斗争。这一时期他除继续创作一系列戏剧作品外，还完成了历史著作《彼得大帝统治下的俄罗斯》《议会史》，哲理诗《里斯本的灾难》，哲理小说《老实人》《天真汉》等。

随着启蒙运动的深入发展，伏尔泰的声望愈来愈高。1778年初，84岁高龄的伏尔泰重返巴黎，受到人民群众盛大欢迎，最终确立了他在18世纪法国启蒙运动中的崇高地位。

哲学思想与对教会的批判　伏尔泰所坚持的哲学观点，是自然神论形态的唯物主义。这种哲学的基本内容，是从洛克那里接受的经验论，承认外部世界的客观存在，承认外物作用于感官所产生的经验是认识的来源。伏尔泰虽然对于洛克的学说没有多少推进，但是，他在克服洛克"内省经验"的唯物主义不彻底性的同时，却发挥了这个学说的战斗性。一方面，他批判了莱布尼茨为宗教神学张目的"前定和谐"论和笛卡儿的"天赋观念"论，又反对贝克莱"存在即被感知"的主观唯心论。另一方面，他从唯物主义经验论出发，否定了宗教神学关于灵魂不灭并可脱离肉体而存在的教义。他在接受牛顿关于自然界都受引力定律统一支配时，没有陷入宿命论，反而批评宿命论和绝对机械决定论，从而为政治上争取个人自由确立了理论根据。根据这种哲学观点，伏尔泰无情地揭露和抨击了教会的黑暗和反动。

伏尔泰认为宗教迷误和教会统治是人类理性的主要敌人，一切社会罪恶都源于教会散布的蒙昧主义，是它造成了社会上普遍的愚昧和宗教狂热。虽然他没有真正弄清宗教产生的社会历史根源和阶级根源，只是比较肤浅地把宗教产生的原因归结为人们的无知和僧侣的欺骗，但是他从人类理性和历史事实两个方面对宗教教义的荒诞不经和教权主义罪恶的揭露和批判还是相当深刻的。他指出，基督耶稣不过是一个凡人，《圣经》不过是一些荒诞透顶的神话故事，而一部教会史就是充满迫害、抢劫、谋杀的罪恶史。针对教会提出著名的战斗口号："打倒丑类"，在团结反宗教力量方面起了重要作用。

在伏尔泰的主要活动时期，封建势力还很强大，法国资产阶级处于相对劣势，这决定了他的思想的时代局限性。在哲学上，他始终没有摆脱神，还没有达到公开的唯物论和无神论；在历史观方面，他宣传抽象的民主、自由、平等，以救世主自居，蔑视群众，没有摆脱历史唯心论；在政治方面，他在揭露封建专制制度时，对共和思想持暧昧态度，长期幻想依靠开明君主实行自上而下的改革。

卢 梭

18 世纪法国启蒙思想家、哲学家、社会政治思想家和文学家。生于瑞士日内瓦，卒于法国埃默农维尔。父亲是个钟表匠。10 岁时父亲和他人发生纠纷败诉，逃往里昂，把卢梭托付给他舅父。此后，卢梭从事过多种职业，如承揽诉讼人、钟表行业学徒，直至 1728 年 3 月 14 日因不堪虐待逃出日内瓦，投奔华伦夫人。1742 年 7 月，卢梭随身携带一部《新记谱法》离开华伦夫人前往巴黎，在法兰西学术院宣读，未获认可。在此期间，他先后结识了 E.B.de 孔狄亚克、狄德罗、J.le R. 达朗贝尔和格里姆莱等人。1743—1744 年，卢梭给法国驻威尼斯大使 M.de 蒙太居当秘书，随后返回巴黎。1750 年，发表《论科学与艺术的进步是否有助于敦风化俗》。1755 年 4 月，发表《论人类不平等的起源和基础》。1756 年

4月，卢梭因厌倦巴黎生活，避居离巴黎不远、邻近蒙莫朗西的"退隐庐"。其后6年，他构思、写作了《社会契约论》、《爱弥儿》、《新爱洛绮丝》和《感性伦理学或智者的唯物主义》。他为狄德罗主编的《百科全书》写的条目《论政治经济学》也在这期间出了单行本。1762年6月，法国政教当局下令禁止《爱弥儿》和缉捕卢梭，卢梭匆匆逃出巴黎，先到伯尔尼，进而辗转避居普鲁士的讷沙泰尔邦莫蒂埃村。1764年底，卢梭收到一本对他进行刻毒的人身攻击的匿名小册子《公民们的感想》，遂萌发了写作《忏悔录》的念头。翌年9月，又出奔圣·皮埃尔岛，被逐，再前往英国，受到休谟的友好接待。1767年5月，卢梭怀疑休谟参与了迫害他的阴谋，逃回法国，在法国各地辗转数年后，于1770年重返巴黎。此后直至临终，卢梭基本上只写作了一些自我辩护和回忆录性质的作品。1778年5月，移居埃默农维尔。

卢梭思想的基本特征 卢梭的著述生涯从一开始就表现出独创性。与卢梭同时代的启蒙思想家们都歌颂科学和艺术、理性和规律、知识和逻辑、文明和进步，用理性作为衡量一切事物的尺度，相信理性的进步将自然而然地导致人和社会的完善。卢梭则把自然和文明尖锐对立起来，并为回复自然大声疾呼。他所理解的自然，是指不为社会和环境所歪曲、不受习俗和偏见支配的人性，即人与生俱来的自由、平等、淳朴、良知、和善。卢梭认为，现存的人是坏的，但人的本性是善的，因此假如能为人造就新的、适合人性健康发展的社会、环境和教育，人类就能在更高阶段回复自然。正是这一基本论点构成

卢梭全部思想的出发点和发展线索，他的社会政治学说、认识论、伦理学、自然宗教和自然教育的思想都是在此基础上发展起来的。卢梭所说的自然与其说是在历史的特定时刻曾实际存在过的状态，不如说是一种形而上学的批判尺度。它既有力地批驳了基督教的原罪说，又使现存社会的弊端显得格外触目。因此说，卢梭与启蒙运动的总潮流又殊途同归，这也是卢梭思想产生巨大影响的根本原因之一。

认识论和宗教观　卢梭这两方面的思想主要表现在《爱弥儿》第4卷"萨瓦牧师的信仰自由"中。他的认识论受孔狄亚克的影响很大。他认为，感觉是认识的唯一源泉，感觉的产生与消灭是主体不能决定的，因而感觉与感觉的对象不是同一个东西，外在于主体并对感官发生作用的是物质。在他看来，感觉比判断、推理可靠，因为它更直接，更少主观成分，更接近自然，人的意识、感情和行为都在很大程度上受感觉的影响，然而不是消极的感受而是能动的思维把人与动物区别开来。他认为，真理是客观的，认识越符合对象就越接近真理。

卢梭指出，宇宙的永恒运动及普遍和谐，表明存在着有意志、全能和智慧的上帝，但上帝并不干预人的行为领域，人的意志是自由的，上帝存在与灵魂不朽是使人弃恶从善的道德基础。只要有助于实现这一目的，崇拜何种神、教条和教规的差异是无关紧要的，重要的是崇拜应发自真诚、自然的感情。他认为，宗教争执和迫害是无意义的恶行，信仰应该是自由的，各种宗教应互相宽容。

社会政治学说　《社会契约论》开宗明义第一句话是"人是生而自由的，但却无往不在枷锁之中"。《爱弥儿》篇首说："出自造物主之手的东西都是好的，而一到了人的手里，就全变坏了。"探索这种变化的缘由和发展，制订完善社会政治制度的方案，是卢梭社会政治学说的基本内容。

卢梭认为，人类在组成社会、建立国家前，曾生活在自然状态中，当时人人自由、平等，既没有政治奴役和剥削，也没有社会的和精神的不平等，但随着人类各种机能的发展、生产力的进步，特别是由于私有制的出现，人类通过订立社会契约建立了国家和法。人类订立社会契约本是为了维护自己的自由、平等、财产和人身，但其后人类的一切社会发展只是走向与订立社会契约原意相反的方向。在社会状态中，文明每前进一步，社会对抗和不平等就加深一步：先是社会契约的订立确立贫富差别；继而是权力机构的设置确立强者和弱者的区别；最后是暴君专制的出现确立主人和奴隶的区别。当暴力成为暴君的唯一支柱、一切权利和义务都不复存在时，事物的自然进程就是人民通过暴力革命推翻暴君，订立新的社会契约，重建新的平等。历史发展经历了各必然阶段，不平等的演化完成了否定之否定的圆圈。这些观点表明卢梭的社会历史观中包含着丰富的辩证法思想，恩格斯曾对此给予高度评价。

卢梭和他同时代的启蒙思想家一样，实际上把历史发展截然划分为启蒙前和启蒙后两个时期。他认为，人类迄今为止的政治制度是建立在不合理的基础上的。《社会契约论》描述了建立合理国家制度的方案：社会契约应规定人人都同等地把权利转让给政治结合体、无例外地遵守契约、同意服从"公意"。"公意"不同于"众意"，后者是个别意志的机械总和，前者则是"众意"中相通的部分，即人民的共同意志。国家应实行法治，法律是"公意"的表现，应由人民来制订，统治者不能违反法律，否则就必然导致专制暴政。国家中可以有立法、行政和司法等权力的划分，但后两者从属于主权，而主权应永远直接掌握在人民手里。议员和政府不是主权的拥有者，而是受人民委托的。人民不仅有定期决定政府形式和执政者的权利，而且有通过起义推翻暴政的权利。由于卢梭一贯把道德与宗教联系在一起，他还主张国家可以制定"公民宗教"，激发公民的自由、爱国情操和牺牲精神。

影响　卢梭的思想在理论和实践两方面都产生过很大影响。法国大革命中雅各宾派的领袖许多都是卢梭学说的信徒。《人权宣言》许

多条文几乎直接照搬《社会契约论》的原文。国民大会的成立和审判路易十六都援引了人民主权论。罗伯斯比尔对三权分立说的攻击、他主持的最高主宰崇拜和国民大会的"六月法令"都深刻反映了卢梭思想的影响。卢梭在《新爱洛绮丝》中阐发的不能将人单纯地用作工具的思想，将自然和道德划为两种不同性质的领域，认为前者受必然律支配，后者受自由律支配，由意志自由推出上帝存在和灵魂不朽的思想，对 I. 康德的伦理观乃至其体系的结构都有相当大的影响。

狄德罗

18 世纪法国唯物主义哲学家、美学家，百科全书派的主要代表，第一部法国《百科全书》主编。

生平和著述活动 狄德罗生于郎格里，卒于巴黎，父亲是制造刀具的手工业者。1732 年狄德罗获得巴黎大学文科硕士学位。在青年求学时期，博览群书，热衷于文学、科学和哲学。他精通意、英等几国文字，曾从事翻译工作；以译述 A.A.C. 沙夫茨伯里的《德性研究》而著称。

狄德罗在主编《百科全书》的 25 年中，深受英国唯物主义者培根、霍布斯和洛克等人思想的影响，尤其是培根关于编辑百科全书的思想，促使他坚定地献身于百科全书的事业。

狄德罗深信人类的全部知识是有结构的，各门类的知识互相联系，彼此相接，构成统一的整体。这就需要百科全书作为记载和传播的工具，教育当代人，并流传后世。他有意识地打破传统的知识概念，把机械工艺列入他主持编辑的《百科全书》，同自然科学和人文科学并列。他在《百科全书》中揭示了方法论的要点，即避免经常出现的错误，舍去微末细节去穷究本质的东西；以前人取得的成果为基础，开辟新的道路。在《百科全书》中关于政治设施和僧侣问题的论述，具有振聋发聩、启迪思想的作用。狄德罗这些思想方针激起了当时统治阶层的愤怒，皇家政务会议于1752年发布命令，查禁第1、2卷《百科全书》。

狄德罗除主编《百科全书》外，还撰写了大量著作，在他的《哲学思想录》《对自然的解释》《怀疑者漫步》《论盲人书简》《生理学的基础》《拉摩的侄儿》《关于物质和运动的哲学原理》《达朗贝尔和狄德罗的谈话》《宿命论者让·雅克和他的主人》《驳斥爱尔维修〈论人〉的著作》等著作中，表述了他的唯物主义哲学思想；在

他的《美之根源及性质的哲学的研究》《论戏剧艺术》《谈演员》《绘画论》《天才》等著作中，表述了他的"美在关系"的美学思想。

哲学思想　狄德罗的唯物主义和无神论思想有一个逐渐形成的过程。18世纪中叶以前，他倾向于自然神论；中叶以后，他转向了唯物主义和无神论，1749年发表的《论盲人书简》便是这个转变的标志。在这一书简中，谈到贝克莱的主观唯心主义时说，这种荒谬绝伦的体系的提出，"是人心和哲学的耻辱"。在他看来，宇宙中存在着令人赞叹的秩序，但这并不证明"具有最高智慧的实体"的存在。因为运动着的物质实体，不断地在分裂与组合，一些不良的组合物在发展中消失了，一些适宜于生存的继续生存了下来。"世界是什么……是一个瞬息万变的秩序"体系。用神的存在来解释世界的有序性，不过是在难以解开的结以外，加上一个更加难以解开的新结。

狄德罗认为，物质是宇宙间唯一的实体。一切物质微粒（或元素）都是异质，而且由于其内部的

特殊的力而处于普遍的运动中。他特别论证了思想不是独立于物质的实体，而是物质发展到一定阶段的产物。他认为一切物质元素都具有感受性。这种感受性在一定条件下会发展成活跃的感受性，即感觉的能力；人不仅有感觉，还有一个能知道我是"我"的大脑，全身任何一根神经上激起的感觉都牵连到这里。这是一切感觉的共同中心，这里产生了记忆，有了比较、推理和思想。

社会历史观 狄德罗站在法国第三等级的立场上，坚持国家起源于契约，君主的权力来自人民协议的观点。他宣称人民服从君主的统治，是以君主保障人民自由幸福为先决条件的。一旦君主独断专行，滥施淫威，就会丧失支配人民的权力基础。他认为人民订立契约只是把一部分平等的权利委诸君主。但是，自由的含义非常广泛，既包括政治自由和贸易自由，还容许竞争自由和学术研究自由等。他指出，能够实现人民自由平等的是政体，任何政体都是要改变的，必然趋于死亡，封建专制政体终会消逝，由适合人性的政体取而代之。

美学思想 狄德罗依据唯物主义观点，提出了"美在关系"说。认为"美"是一个存在物的名词，它标记着存在物一种共有的性质，这个共有的性质就是"关系"。这就是"美在关系"的含义。事物的性质是关系的基础。"美在关系"就意味着美在事物的客观性质，事物的性质是美的根源。他认为事物的性质可以在人们的心灵中引起各种各样的观念，诸如秩序、比例、对称、适合、统一等等。但只有唤醒关系观念才最适于用"美"来称呼。他认为"关系是悟性的一种作用"，没有"悟性"的作用，就没有关系观念，也就没有美。根据这一点，他把"关系"基本上分为三类：实在的关系、察知的关系和虚构的关系。与这三类相应，美也分为三种：①"实在的美"，又称为"在我身外的美"。这种美以"有能力在我的悟性之中唤醒关系概念的东西"为基础，是不依欣赏者的"悟性"为转移的客观事物的美，它只是可能被欣赏者的"身心构造"认识而尚未被认识的美。

舞台上的智者·世界伟大哲学家

②"见出的美",又称为"与我有关的美"。这种美以"在我们心中唤醒关系概念的东西"为基础,是借"悟性"来判断的美。③"虚构的美",实际是艺术家创造的艺术作品的美。这种美以艺术家的智力和想象虚构的关系为基础,是凭"悟性"放到物体中去而构成的美。

狄德罗按照"美在关系"的观点,解释了现实美和艺术美。他认为自然美是单就自然物本身考虑关系,如一朵花的美,一条鱼的美;也可以就自然物之间考虑关系,如这朵花与那朵花哪一朵美,这条鱼与那条鱼哪一条美。狄德罗认为,自然美是依关系的多少来定美与不美的,是在比较中来确定的。对于社会美,他认为应从人与人之间的关系来考虑。比如一个美男子,是依他在众多男子中的地位来确定的。此外,他还从生活环境、生活活动对人的影响来说明人的美。比如"挑夫的美"是由于经常劳动造成的结果。对于艺术美,他肯定艺术是对自然的模仿,认为大自然是艺术的第一个范本。据此他认为,艺术模仿自然,首先就要了解和研

究现实的一切关系,特别是那种因果必然关系。艺术要模仿人物,就要注意人物所处的具体环境。他说,艺术越能把自然即现实的关系描写出来,就越美。一幅画像不应该是"爱神维纳斯",而应该是"邻居中的一个女子",即不应该是理想,而应该是现实。所以他把艺术美看作"模仿的美"。他主张艺术效法自然,反对仿古,反对墨守成规。基于这一点,他认为大自然高于艺术,自然美高于艺术美。因为现实的关系是多种多样的,艺术家永远不能把现实关系摹写得无遗无漏,也永远创造不出胜过大自然的作品。但是,狄德罗作为启蒙运动思想家,并不甘愿作自然的追随者,所以他又认为艺术真实既不应违背自然真实,又不等于自然真实,艺术真实必须符合艺术家的理想,符合他所虚构的关系。而在艺术美的现实和理想两个方面,他更重视理想。

狄德罗认为,审美鉴赏不单是审美感受力,也是审美创造力。从审美感受来说,关系的知觉是美感的基础。这种关系的知觉,主要

来自视听感官和触觉感官。狄德罗不同意 F. 哈奇森以"第六感官"即"内部感官"作为审美感官的观点，也不同意味、嗅感官可以感知美的意见，他说"就嗅觉和味觉来说，就既无美也无丑"。作为美感基础的关系知觉，"是在我们心里引起对愉快关系的知觉的效力或者能力"。狄德罗把一般知觉和审美知觉作了区分。审美知觉带有愉快情感，而且美感要由感性上升到理性，要有"悟性"参与活动。"悟性"是指思维这类心灵官能，它要对知觉到的关系加以考虑、比较，形成"关系观念"，才能据以作审美判断。美感不能只靠感情判断，还要靠理智、悟性去判断，不独是感受，也是认识。他认为想象也是形成美感的一个必不可少的心理因素。它和情感、理智一起形成美感。狄德罗认为美感是和一个人的想象、敏感和知识成正比例增长的。

从审美创造来说，审美鉴赏是指"趣味"和"天才"。狄德罗认为"天才是一种纯粹的天赋"，是"气质的某种结构"再加上"预见

性精神"。趣味与天才不同，它创造作品是依据法则的知识，只能产生一些"惯性的美"。狄德罗把趣味、天才同审美感受区分开，又把趣味同天才区分开，没有充分注意到它们之间的相互联系和彼此渗透的复杂关系。

狄德罗还依"美在关系"的观点，考察和研究了审美判断的标准以及审美判断产生分歧的原因。他坚持以客观事物的关系、实在的美为审美判断的客观标准，但是他又认为审美判断受各种因素的影响。

狄德罗把"美在关系"说用于戏剧理论，认为新的市民剧主要是描写"情境"（关系），如家庭关系、职业关系、敌友关系，借"情境"去展现人物的身份和性格。

狄德罗的美学思想，上承亚里士多德，下启车尔尼雪夫斯基，在西方美学史上有重要的地位。

圣西门

法国哲学家、经济学家、空想社会主义者。生于巴黎，卒于巴黎。出身于贵族家庭。早年受启蒙运动影响，曾参加北美人民反对英国殖民统治的独立战争。1781年在约克镇任炮兵上尉。1803年发表《一个日内瓦居民给当代人的信》，主张应由科学家代替牧师的社会地位。圣西门拥护法国大革命，主动放弃伯爵爵位。为研究和宣传社会主义学说，倾注了毕生精力。

1805年圣西门开始著书立说。他虽然常把人类历史的发展看作先验的人类理性的发展，但又认为社会变革是从低级到高级发展的，现存制度只是从封建制度转向理想制度的一个过渡阶段，并初步意识到经济状况是政治制度的基础。圣西门承认历史的发展是有规律的，在发展的总过程中，每一次新旧社会制度更替，都是历史的进步。

圣西门认为法国革命不仅是贵族和市民等级之间的斗争，而且是贵族、市民等级和无产者之间的斗争。他指出这次革命只产生了新的奴役形式，即"新封建制度"。他预言，旧的社会制度必将为理想的实业制度所代替。

圣西门设想的未来的理想制度是一种"实业制度"：在实业制度下，由实业者和学者掌握社会政治、经济、文化各方面的权力；社会的唯一目的应当是尽善尽美地运用科学、艺术和手工业的知识来满足人们的需要，特别是满足人数最多的最贫穷阶级的物质生活和精神生活的需要；人人都要劳动，经济

按计划发展，个人收入应同他的才能和贡献成正比；不承认任何特权；在理想社会中，政治学将成为生产的科学，政治将为经济所包容，对人的统治将变成对物的管理和对生产过程的领导。由于历史的局限性，圣西门把从事产业活动的资产者看成是和工农一样的劳动者或"实业者"。他寄希望于统治阶级的理性和善心，幻想国王和资产者会帮助无产阶级建立实业制度。这就使得他的社会主义学说不能不流于空想。

主要论著还有《寓言》（1819）、《论实业制度》（1820—1821）、《实业家问答》（1823—1824）、《新基督教》（1825）等。

康 德

德国哲学家，德国哲学革命的开创者，德国古典哲学的奠基人。生于普鲁士柯尼斯堡（今俄罗斯加里宁格勒），卒于柯尼斯堡。康德所处的时代，是资产阶级革命风暴席卷欧洲大陆的时代，但当时的德国还处在封建专制和割据的落后状态。同荷、英、法等国相比，德国的资产阶级无论在经济、政治、思想各方面都较落后，既向往革命，又不敢真正摆脱对封建统治阶级的依附。康德作为德国资产阶级的哲学代言人，其思想体系所包含的复杂矛盾，是当时德国资产阶级二重性在哲学上的反映。康德的哲学思想可以分成前批判期与批判期两个阶段。

生平和著作　康德生于一个小手工业者家庭。父亲是皮匠。母亲是一个坚信笃行的虔诚派教徒，颇有学识。康德8～16岁，就读于腓特烈公学，成绩优异。他的拉丁文基础很好，喜欢读卢克莱修的《物性论》。

1740年康德进柯尼斯堡大学学习，并与沃尔夫学派的副教授M.克努村结下亲密友谊。在克努村影响下，康德接触到I.牛顿的科学思想。

1746年离校前，康德完成长

篇论文《关于动力的真正测量的一些想法》。他在论文中指出，在关于力的量度问题的长期争论中，笛卡儿派与莱布尼茨派各自在一定条件下具有真理性。他离开大学后，当了八九年家庭教师，1755 年以拉丁文论文《论火》取得博士学位。不久又写了《对形而上学知识的基本原理的新解释》，通过答辩后，开始在柯尼斯堡大学担任没有固定收入的编外讲师。1756 年为了申请教授职位，提出《物理的单子论》进行答辩。这个时期他的代表性著作是 1755 年匿名出版的《自然通史和天体论》，第一次在长期统治

人们思想的形而上学自然观上打开了缺口。

1766 年康德担任王室图书馆副馆长，这时他才有固定职位和固定薪俸。1770 年升任柯尼斯堡大学逻辑学和形而上学教授，并写了《感觉世界和理智世界的形式和原理》论文，进行答辩。

1769 年是康德哲学思想发展的关键一年。由于受英国经验主义的影响，特别是省察到休谟所提的有关因果联系有无必然性问题的重要意义，他从莱布尼茨 – 沃尔夫学派哲学的"独断的美梦"中猛醒过来。开始从"前批判时期"向"批判时期"过渡。

1780 年，康德用四五个月时间写出《纯粹理性批判》，他的哲学思想进入批判时期。在 1781—1790 年的 10 年间，构成批判哲学体系的《纯粹理性批判》《实践理性批判》《判断力批判》三部巨著相继问世，另外还刊行了《未来一切形而上学导论》《道德形而上学探本》以及其他十多篇论著。在德国，康德的声望日隆，到 18 世纪 90 年代，各大学都讲授康德哲

学。他的新哲学在德国的影响不断增长。早在 70 年代，康德已参与哲学系的领导，后来进入评议会，还担任过两届柯尼斯堡大学校长，1792 年起担任柏林科学院哲学部主席。

90 年代康德的重要著作《论永久和平》《法学的形而上学原理》《伦理学的形而上学原理》《学科的论争》《实用人类学》陆续出版，还有其逝世之前由他的朋友编辑的《逻辑学》、《自然地理学》和《教育学》等著作相继面世。

1786 年腓特烈二世去世，威廉二世即位，德国的政治气氛发生了变化。康德在 1793 年出版的《理性界限内的宗教》，把宗教归结为道德，并且批评了教会，专制政府强令康德永远不得讲授和撰述宗教问题，康德上书作了承诺。1797 年威廉二世死去，康德自动解除了诺言。

1797 年康德完全停止教学之后，开始撰写《从自然界的形而上学到物理学的过渡》，尚未完成，1804 年在家乡柯尼斯堡逝世。

《康德全集》由普鲁士科学院、德意志民主共和国科学院和格丁根科学院先后编辑。从 1902 年开始，至 1985 年已出版至第 29 卷第一分册（第 25、26 两卷尚未出版）。

康德著作的中译本有：《自然通史和天体论》，中译本名为《宇宙发展史概论》，1972 年上海人民出版社出版；《纯粹理性批判》，蓝公武译本，1960 年商务印书馆出版，韦卓民译本，1991 年华中师范大学出版社出版；《未来一切形而上学导论》，中译本名为《任何一种能够作为科学出现的未来形而上学导论》，庞景仁译，1978 年商务印书馆出版；《道德形而上学探本》，唐钺译，1957 年商务印书馆出版；《实践理性批判》，韩水法译，2003 年商务印书馆出版；《判断力批判》上、下册，宗白华、韦卓民译，1964 年商务印书馆出版；《实用人类学》，邓晓芒译，1987 年重庆出版社出版；《康德著作全集》，李秋零编，2007 年人民大学出版社出至第 6 卷。

前批判期哲学 在前批判期，康德在匿名出版的《自然通史和天体论》里，生动地解释了无限宇宙的各部分在空间中的联系，探索天体的根源及其运动变化的规律；提出了在天文学史上有重大意义的太阳系自然形成的"星云说"。他立足于牛顿力学，而在世界观上却超出牛顿。笛卡儿曾说，只要有物质和运动，就可以构造出世界。康德进而说只要给我物质，就可以构造出世界。认为宇宙中的物质微粒自身有引力和斥力，引力和斥力相互斗争产生元素的运动，运动是自然的永恒的生命。趋向引力中心运动的元素，由于斥力作用，从直线运动向侧面偏转，形成围绕引力中心的圆周运动。由于物质自身的运动，经过一系列自然发展过程，形成了太阳系和宇宙，根本不需要外力的推动。所以在整个运动变化过程中，上帝不起任何直接作用，元素本身是生命的源泉。康德承认上帝创造物质，不过，他并没有给予这种观点以重要意义。他所强调的只有一点：整个宇宙、整个天体系统是物质基于自身运动自然形成的。特别是他取消了牛顿的"第一推动力"，进一步限制上帝的作用，以物质自身运动发展的辩证法代替

牛顿的纯由外力推动的机械论。

60 年代末，康德全面地考虑了休谟对因果律的疑难，他欣赏休谟根据经验论对因果联系观念的起源问题所做的分析，认为这种分析很有启发性，但是坚决反对休谟否认因果联系必然性的错误结论。他在过渡时期主要考虑 3 方面的问题：欧几里得几何学及自然科学的普遍性、必然性和客观有效性；人类自由的可能性；以上两方面必然涉及的空间、时间的性质。

康德 1770 年提出的就职论文《感觉世界和理智世界的形式和原理》，标志着从前批判期到批判期的开始。他认为人感觉到的只是现象，理智世界才表象真实的世界。空间、时间是心灵的内在条件，零星的彼此孤立的感觉在空间、时间先天规律安排之下成为现象。现象是物在与主体的关系中表现的样子。根据纯概念才能认识实在世界。康德认为牛顿的绝对空间和时间的理论是一种虚构，又认为莱布尼茨关于空间时间是事物之间关系的观点不能成立，认为这种空间时间观点与欧几里得几何学显然不能

协调。这篇文章所提出的空间时间的新理论是他改变方向的重要一步。

批判期哲学　在这个时期，康德建立起独特的批判哲学体系，其中包括以先验论为基本特征的认识论，以及伦理学、美学等。

认识论　康德从深信自然科学的可靠性出发，直接批判唯理论与经验论的片面性，力图把两派哲学的合理方面结合起来。在康德看来，数学和自然科学是纯理性的重要成果，是人类认识的完满典型，它们具有必然性和普遍性。如能解释数学和自然科学的必然性和普遍性，就可洞察知识的底蕴。本着这个信念，他不仅反对休谟的怀疑论，而且认为洛克的经验论也说明不了这个问题。

康德提出，数学命题和自然科学的基本原理（如因果律）都既是先天的又是综合的，"形而上学"如要成为一门可靠的学问，其论断也必须是先天综合性质的。康德以前的唯理论者主观上打算凭矛盾律建立哲学体系，他们注意到知识的必然性，而忽略了新知识更可贵的问题。英国的经验论哲学家则认为知识大部来自感觉经验，根本抹煞知识的必然性和严格的普遍性。康德认为以上双方都不知道有先天综合判断。前者把一些先天综合判断错误地当作了分析判断，后者把一些先天综合判断视为没有必然性和严格普遍性的单纯来自经验的综合判断。因此，他提出先天综合判断，作为总的问题。

康德的认识论所要解决的主要是数学命题和自然科学基本原理的形成和根据问题。康德承认知识的内容或材料来自感觉，感觉是对象刺激了人的感官以后产生的观念。知识是从感觉经验开始的。但是，人的认识活动是否像洛克说的那样简单？感觉虽然表象着对象，但它是人的感觉，是人的意识的活动，它的产生有无主观方面的必要条件？再进一步，从人的整个认识活动看，主观上必不可少的条件是什么？洛克仅仅着重分析了作为认识材料的感觉的来源，却并未充分考虑认识有无主观的必要条件。

康德的创新研究方法，是从确已掌握着具有必然性和普遍性的先天知识这个千真万确的事实出发，来剖析它的可能性的条件。经验论者提出个人的观念怎样形成的问题，采用心理学方法。康德提出知识的必然性和严格普遍性问题，另辟蹊径，采用"先验"方法。

在具体论述知识产生的过程中，康德认为，认识能力共有三个层次，从感性开始，然后是知性，最后是理性；先天的感性形式是空间、时间，先天的知性形式是范畴，理性则是处于知性之上的最高一级的综合能力。

康德认为，认识在感性阶段主体就已经提供了空间与时间两个必要的形式，空间是感觉到在人们以外的事物、感觉到不同的事物互相外在和居于不同地点的必要条件；时间是知觉到不同的事物有先有后或共同存在的必要条件。只要出现感觉就必定都已经在空间、时间形式的框子里面。空间、时间是人类的感性的先天形式，是认识感性阶段的必要条件。

在认识中，如果设想空间、时间不包含感觉对象，那就是纯直观。欧几里得几何学的图形不是经验的，经验的图形不能有必然性和

严格的普遍性。几何学的三角形不涉及量的大小，也不存在于任何一定的地方，它表示的只是由三边构成的平面图形。可是它并非抽象的概念，它是三角形概念见诸纯直观的形状，几何学所以能采取这样的方式，没有空间纯直观是根本不可能的。所以，空间作为纯直观，是几何学的必然性的条件，几何学是规定空间性质的科学。而空间又是感性的先天形式，一切感觉都以空间为必要条件，这是几何学对一切事物有普遍效用的原因。算术和代数所计算的数目，也不表示任何经验中的具体东西，一就是一，不是一支笔或一张纸。数目是一个单位一个单位在纯直观中的综合。这个纯直观就是时间。而时间又是感性的先天形式，所以算术和代数才有必然性和严格的普遍性，才有客观的有效性。

空间是外感官的形式，时间是内感官的形式。一切来自外面的感觉，都在空间里面；意识中的一切观念，都在时间里面。由于来自外面的感觉，必定也进入我们的意识之中，所以，空间是外来观念的先

天条件，时间是不拘内外一切观念的先天条件。

在康德看来，以上说明是把认识的感性阶段孤立起来进行考察，实际上，认识是感性与知性的结合。从知识的形成看，知性的作用极为关键。

感性的先天形式，主要是以对象的刺激为前提，接受印象。知性主要是一种主动的活动，它利用由自身所产生的纯概念把观念联系起来，构成判断。知性是主动下判断的能力。从传统逻辑所列举的各种判断形式，可以发现知性在联结观念时的不同功能和不同活动。知性联结观念的全部功能表现在四个方面：量的方面有统一性、多数性和全体性，质的方面有实在性、否定性和限制性，关系方面有实体性、因果性和交互性，样式方面有可能性、存在性和必然性。这些就是知性拥有的 12 个范畴。这 12 个范畴是知性的先天形式，它们不是从经验引申来的，它们有必然性和严格的普遍性。知性本身是一个统一体，它的主动性表现为从上述不同方面联系观念得出不同形式、不同性质的判断。每一种判断都以一定范畴的特定含义为根据，在判断中赋予对象以某种特定的规定性。

康德进一步认为，知性从根本上说是综合的活动。综合比分析更根本。没有综合活动所产生的整体，没有可供分析的对象，就不可能进行分析。知性作为认识主体，

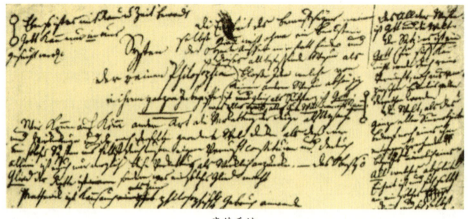

康德手迹

是以先天的 12 范畴为框架进行综合统一活动的"自我"，这个作为一切认识前提的、主动的、统一的"自我"，不是经验的意识，而是纯意识，它是认识的根本条件。离开了这个根本条件，就只能有零散的感觉印象，永远不会产生具有统一性的知识。"统觉"（自我意识）的先天的综合统一性，既是经验的可能性条件，又是经验对象的可能性条件。为了沟通知性的先天范畴和来自感觉的后天材料两方面之间的联系，康德另外提出范型作为中介。范型是知性范畴把握感觉现象的特定的综合方式，是被赋予特殊规定性的时间。空间是外感官的形式，时间是内感官的形式。但时间具有最大的普遍性，因为一切现象都在时间中发生和继续存在，一切对于对象的直观都必然进入时间之中，对于外边现象的感觉，如被意识到也必然在时间里面。所以，一切感性材料必定通过时间全部成为知性的对象，为知性的先天的综合统一性所统摄。另一方面范畴必然并且只能通过时间形式才能获得材料，才能起综合统一作用。没有感觉材料，范畴只是纯思维形式，没有实际用处。范畴必须时间化，必须通过时间应用于现象。例如：因果范畴如果时间化，其含义就是必然的继续，必然的继续就是因果范畴与现象的中介。现象之间的必然继续，是因果范畴通过时间统摄现象的结果，同时也是对于现象因果联系的认识。作为自然科学基本原理的先天综合判断，是时间化了的先天范畴含义的表述。因果律就是时间化了的因果范畴内容的表述。自然科学的其他基本规律也是如此。因为自然科学基本原理的根据是知性的范畴，所以康德得出知性向自然界颁布规律的唯心主义结论。

康德认为在建立科学的"形而上学"之前必须先确定认识的对象和范围。认识的对象只是现象，本体属于人永远不能认识的范围。人的理性从本性上要求认识终极的无条件的东西。理性是处于知性之上的最高一级的综合能力，理性对经验进行最广泛的综合。但理性的要求永远达不到目的，我们的认识永远是有条件的，是无止境的现象。

如果理性把相对的现象绝对化，自以为已经把握了全部的真理，就必然陷于假象。康德以自己的批判哲学为根据，对以前盲目追求绝对真理的"形而上学"体系作了系统的批判。他认为过去的形而上学陷入以下三种假象：把心灵当作精神实体，断言心灵不朽；把世界当作给定的整体，做出种种不同的臆断；把上帝当作绝对的实在，肯定它必然存在。康德指出把心灵当作精神实体是错误的推论，因为这是把作为一切认识的先天条件的自我当作对象，而这个先验的自我只是认识的主体，永远不可能成为认识对象。康德对三种不同的关于上帝存在的论证，即本体论的论证、宇宙论的论证、目的论的论证作了前所未有的系统批判。

康德关于超出经验的认识世界整体必然陷入假象的阐述，对发展德国古典哲学的辩证法有启发作用。他以基督教神学以及莱布尼茨－沃尔夫的唯心论为一方，以机械唯物论为另一方，从量、质、关系、样式四个方面把双方的观点严格对立起来，指出双方都用归谬法推翻对方的论点，形成四组矛盾观点即二律背反。他认为人类理性要求认识绝对完整的世界本身，而世界本身不能认识，所以理性必然武断地采取一种观点，拒绝另一种观点，因而，陷入矛盾是必然的。

伦理学　康德的认识论，目的不仅是解释知识的必然性和严格的普遍性，其基本原理和结论与自由这个伦理学的根本问题是息息相关的。只有把人类的有条件的、因果连续不断的相对知识限制在与认识主体相关联的现象范围以内，才能在另一范围肯定意志自由。科学知识的必然性、普遍性以及相对性是事实，道德方面的意志自由的绝对性也是事实。照顾双方的实际，必须承认现象与本体具有质的区别，只有现象才可以认识，但本体又必须设想，必须信仰。所以，限制知识，提出本体，是康德伦理学的前提。

在认识方面，感性、知性二者互相关联，一方通过空间、时间接受材料，一方通过范畴提供形式。在道德方面，感官由于对象的刺激，产生各样欲望；理性提供道德行为的规律：道德律。道德律是先天的，有必然性和普遍性。纯由欲望支配行动，那是动物；一切出于理性，完全是善，那是上帝。实践理性和欲望的斗争则是人类道德的特点。自然现象的变化总根据自然律，不可能有例外；但人的行为并不总是根据道德律。行为理应如此，但事实上未必如此，所以有善有恶；人应该行善，不应该作恶，只有人才有所谓"应该"，自然界无所谓"应该"。

在实践理性与感性欲望的斗争中，实践理性是主导的方面，没有实践理性，就不会有斗争，也不会有"应该"。实践理性也就是善良意志。善良意志是向善的意愿和决心，是良心，是善的动机，它本身是绝对的善。一个善良的意志，即使命运不济，处于逆境，尽其全力，仍无所成就，也丝毫不能影响其自身的价值，它像一块宝石，以其自身的光芒照耀四方。行为有没有达到目的，对其价值无所增减。

善良意志的威力是由于意识到一种起主宰作用的规律，理性对这规律具有无限敬仰的崇高感情。因此才意识到"应该"，才意识到必须不顾一切利害尽力遵从规律去实践"责任"，这样，理性才能控制欲望。这规律是判断行为善恶的根本标准，人把规律奉为自己行动的准则，本着对规律的敬畏之心，在行动中，除了视规律为绝对准绳，别无他念。道德要求人的行动除了遵循规律别无目的，这就是"绝对命令"，问为什么应该遵从规律，是没有意义的，如有任何解释，都只能损害规律的道德性质。客观的规律同时又成为主观的行为准则，这就是理想的道德境界。

在康德看来重要的是，规律虽然对人是命令，但它却不是外加的，更不是经验的，是出于理性自身，是实践理性对人自身颁布的规律。不然，不能有自由。意志所遵循的规律来自实践理性，实践理性与善的意志虽二实一。意志遵循规律，正是按照自身的理想和要求行动。实践理性意识到自身是一个绝对的主体，是思辨理性所达不到的绝对实在，所以，实践理性对于思辨理性来说，有其特殊的崇高性。

康德的道德律的一种表述是：

"要这样行动，永远使你的意志的准则能够同时成为普遍制定法律的原则"。他提出道德律有以下几个基本思想作为前提：①人生活在社会之中；②人有自由；③人人平等；④社会应该成为人性得以完满实现的共同体。

康德认为既然道德律是实践理性自身的要求，道德的目的是理性自身的实现，那么就应该这样看待"人"和"人性"：每一个理性存在、每一个人都有人格，他不能仅只是手段，每个人均应是目的。康德的理想世界是一个"目的的王国"，各个理性存在作为目的在共同的规律之下联系成一个整体，每个人都把自己和别人看作目的，每一个理性存在都是这个国家中的一员，受自己制定的法律支配，同时他又是这个王国中的最高统治者，因为他是立法者（自律），他只服从自己的命令。

康德在讨论道德问题时最后提出：道德的善还不能说是完全的善，为了获得完全的善，幸福是一个本质条件。理性把普遍的幸福视为宇宙间的一个目的。道德行为与幸福的结合才是至善。但至善不可能在经验世界中实现，经验表明：道德行为不一定引到幸福，为了道德常需要放弃幸福；另一方面，离开道德倒常会有短暂的幸福。如果要达到至善，只有设想超出感觉世界，信仰灵魂不朽和主宰道德秩序的上帝。康德强调，这里所谓信仰只是一种主观上的设定，在认识方面仍然完全不能肯定；其所以要这样设定，仅仅出于道德的需要，这就是他所谓的"道德神学"。虽然他这里所说的上帝与基督教所说的上帝具有不同的性质和作用，但毕竟是陷入了一种神学唯心主义。

美学和目的论 认识论和伦理学规定了科学和道德各自的独特本质：一是必然，一是自由；一是机械的因果性，一是以自律为核心的目的性。这样，科学与道德分属两个截然不同的范围，但理性原是统一的，问题在于进一步发现两个范围的联系，从而把握住理性的统一。

当时的心理学家如特腾斯曾指出在人的认识和欲望之间还有愉快或不快的情绪。康德受这种观点的启发，主张知性进行认识，理性主宰道德，介于知性与理性之间的判断力应起沟通知识与道德的作用。在认识中，判断力把特殊置于一定的普遍规律之下。这样的判断力就是规定的判断力。反过来，如果还没有意识到某种规律，需要为一定的特殊寻求可以从属的普遍规律，这也是判断力的作用，那是反思的判断力。反思的判断力在审美的判断和目的论的判断里，把目的性概念应用于自然界，使我们进入既不是知识，也不是道德的新的境界，这是联结知性与理性的桥梁。

康德对反思判断力的考察分为两部分：反思判断力如果根据自然界事物适合于静观的主体的目的来下判断，就做出审美判断；反思判断力如果认为自然界本身就合乎目的，就是目的论判断。

在康德看来，美是不涉及利害考虑的纯愉快的情绪。美的对象引起愉快用不着概念，但它却能引起普遍的愉快。这是由于一定对象的形象在主体方面引起欢悦。人表象对象的能力是感性和知性，把握对象的形象时，如果感性知性达到一种和谐的境地，就引起美感。这是从主体的静观而来的对象的合目的性。感性知性的和谐境界是人们在一定条件下都可以达到的，所以从主体看来对象的合目的性所引起的美感是普遍的，并且可以普遍地互相传达。与美感相类似的另一种情绪是崇高。崇高的出现是由于漫无界限的、无形式的对象从量的方面使我们得到满足。这种对象（如惊雷闪电、疾风暴雨、大海波涛等）以其巨大的量在刹那间使我们的生命力受到重压，随之又感到在我们内心里出现一种不可遏制的力量，足以与自然界的威力相抗衡，转而形成强烈的奔放，这就是崇高。美与崇高都是与对象的一定特性接触时出现的主观情绪。

反思判断力还能否借助于合目的性的概念，在进一步把握自然界时发挥其能动作用？康德认为，在整个自然界中，有一种东西显然是特殊的，对于这种东西根本不能用机械的规律来解释，这就是有机物。有机物的特点是：其中各个部分从它们的整个联系来看是互相产生的，互为因果的，在这样条件下形成的整体又反过来根据一种原则成为原因，所以在有机物之中各部分都是目的而又互为手段，任何部分都不是可有可无、毫无作用的，或者可以归之于盲目的机构的。目的性判断力要求为这种特殊的现象找出普遍的规律，这必然是机械因果律以外的另一种因果律，也就是内在的因果律。康德认为这内在的因果律就是自然界本身的合目的性。理性提出这种想法是必然的，也有普遍性。因为知性的活动总是把部分看成先于整体、整体是由部分构成的，这是知性的局限性。而有机物恰恰不能这样来理解。为了解有机物，只好也必须用目的观念表明它的特殊的内在规定性。但是，这只是对有机世界的一种主观看法，只是以人类自身的目的论的判断力为根据的假设，绝不能说自然界本身真正有什么目的。所以目的论的判断力绝非使人增加对自然界的认识。实际上机械观点和目的观点二者可能在根本上有共同的基础，只因人的认识能力的局限性，才出现这种表面上的对立。康德最后指出，人是有理性的，在有机世界中人就不仅像其他有机物那样可以说一般有其目的，人应该说是在地球之上的自然界中的最终目的，一切自然物以人为中心构成一个目的的体系。而这里的人当然是作为本体的人，也就是作为道德本体的人，所以，道德实际上应该是世界的最终目的。这样，就在一个更高的理想里包含了前面所说的实践理性高于理论理性的观点。可见，康德利用作为理性的另一方面表现的反思判断力以及合目的性概念，来沟通道德领域与自然界，获得最后的综合，达到了更高的理想。

评价及影响　科学和自由是资产阶级上升时期的两面旗帜，这两面旗帜都以理性作为根据。康德的先验唯心论主要作用，是论证数学、自然科学的必然性和普遍性，反对休谟的怀疑论，捍卫科学，打击神学，以及对理性的能动性和自由所做的深刻探索，显示了康德哲学的启蒙性质。康德认为自由思想是人的天性，也是人的责任；言论自由是人民的神圣权利，不能受限制，言论自由是人类一切进步的必要条件。康德为言论自由而斗争的矛头主要指向教会。在《纯理性范围内的宗教》中，他坚持把宗教归结为道德，认为从道德本身看，实践理性已经足够，无须宗教。只是为了实现"至善"，才需要设想一个道德世界的主宰。所以他认为，启蒙的重点应是宗教的启蒙。

康德对美国独立和法国革命都深表同情。但如同一些18世纪启蒙思想家一样，他并不赞成革命，经过了法国革命的高潮，他甚至厌恶革命。尽管康德宣称国家主权属于人民，可是他主张国家宪法如有缺点，应由掌权者加以改进，不应革命，革命违反正义，被革命推翻了的君主有权实行复辟。尽管说在法律面前人人平等，但是，元首（法律的制定者）不在此列，此外，"消极公民"（指学徒、仆役、未成年人、妇女等）没有参加立法的政治权利。当时北美新生的共和国是康德理想的国家形式。他认为，共和制度的基本要素是尊重法律和守法。国与国之间，战争不能是目的，战争只是恢复和平的手段。各个国家要在公正的法律之下组织起联邦，参加联邦的国家都应实行共和制。整个世界的目标是战争消亡，永久和平。社会不断地缓慢地前进。历史是人类自由的发展，是要实现一个内在完满的政治机体，在这样的世界国家之中，人类的全部自然能力都能得到全面发展。人的责任是其本性的实现。

康德的哲学思想是18世纪资产阶级启蒙思想在德国的特殊表现，高度的思辨性是这种思想的一个特征。思辨性易于同现实保持距离，所以当这种思想涉及市民资产阶级的现实政治要求时，必定是软弱无力的。而思辨性却是深入思考问题的重要条件。

康德哲学对后世的影响是双重的。对于费希特、谢林、黑格尔，他是德国哲学革命的先驱，起了积极的发动作用。但是，到19世纪60年代，德国资产阶级却利用康德哲学的思辨性的崇高理想来对付无产阶级革命运动。这时出现了"回到康德"以至"要了解康德，必须超过康德"的呼声，目的是从彻底唯心主义立场解释康德。第二国际修正主义者和新康德主义者都是这样出现的。19世纪末，意志主义者、不同流派的实证主义者和实用主义者也都受到了康德哲学的一定影响。

黑格尔

19世纪德国古典哲学家、客观唯心主义者、辩证法大师。

生平与主要著作 黑格尔生于德国符腾堡公国首府斯图加特，父亲是税局书记。1780年起他就读于本城文科中学，接受古典和启蒙教育。他在这期间所写的几篇短文，如《三人间交谈》《谈希腊人和罗马人的宗教》《谈古今诗人的显著区别》等，显示出他喜欢分析历史故事中的矛盾、对传统宗教观念采取批判态度的倾向。他在美学中关于当代诗人已不再起广泛作用的观点，在此时明确地提了出来。1788年10月黑格尔到蒂宾根神学院学习哲学和神学。他对哲学充满兴趣，而对正统神学则很反感。在学院里，黑格尔同荷尔德林、F.W.J.von谢林结识，他们之间的友谊对他的思想发展具有深远影响。他们当时都是法国革命的热忱拥护者。以后黑格尔对法国革命基本保持肯定态度。大学毕业后，他没有选择牧师的职务。1793—1796年，在瑞士伯尔尼一个贵族家里担任家庭教师。这一时期黑格尔对法国革命以后罗伯斯比尔的恐怖统治持谴责态度。1797年末至1800年，黑格尔到法兰克福任家庭教师。这里的待遇比在伯尔尼优越，又能与好友荷尔德林生活在一起，为黑格尔哲学思想的发展提供了有利的条件。1801年1月黑格尔在继承父亲的一部分遗产之后，来到当时德国哲学和文学的中心耶拿，开始了他一生中具有决定意义的一个阶段。他与谢林一起开课，又合办《哲学评论》。直到《精神现象学》出版之前，两人一直合作，保持着良好的友谊。1801年黑格尔通过了学位论文和讲课资格的答辩。1805年获得副教授职。1804年成为耶拿矿物学会鉴定员和威斯特伐伦自然研究会正式会员。1807年成为海德堡物理学会名誉会员。1807年3月迁居班堡，任《班堡报》的编辑。由于报纸同情拿破仑，一再与慕尼黑官方发生纠葛，一年后他辞去这个职务。1808年12月黑格尔转到纽伦堡任中学校长。1816年到海德堡任哲学教授，开始享有盛誉。1818年普鲁士国王任命黑格尔为柏林大学教授。1822年被任命为大学评议会委员。1826年《福斯报》发表庆祝黑格尔生日的报道，受到普鲁士国王的警告。1829年10月被选为柏林大学校长并兼任政府代表。1831年被授予三级红鹰勋章。同年夏开始发表他的《论英国改革法案》一文，后因普鲁士国王下令中止，文章只发表了前半部分。1831年黑格尔病逝于柏林。

黑格尔的主要著作包括：《精神现象学》、《逻辑学》、《哲学全书》（其中包括逻辑学、自然哲学、精神哲学三部分）、《法哲学原理》、《美学讲演录》、《哲学史讲演录》、《历史哲学讲演录》等。

哲学思想的发展过程　大致分以下几个时期。

蒂宾根、伯尔尼和法兰克福时期　黑格尔在1788年进入蒂宾根神学院深造的几年里，受到 I. 康德、B. 斯宾诺莎和卢梭等人思想的影响。他特别重视卢梭的著作，同时对古代精神的理解和解释也很注意。他在《谈读古希腊和经典作家给我们提供的一些成见》一文中，认为古代作家几乎在一切时代都同样保持着他们的声望，他们的著作现在也保持其价值，因为它们适合于"教养"。这是黑格尔哲学中一个值得注意的概念。文中借助德国启蒙运动时期思想家莱辛的《智者纳旦》批评正统教义。

黑格尔在大学学习时期，开始研究政治和宗教，并对现实进行批判。他在1795年4月16日致谢林的信中表明，期望从康德的体系及其完成中看到德国的一场革命。尽管黑格尔此时尚未完成对康德的批判，但他确认康德体系的革命性质，并把自己的哲学思考放在这一基点上。他认为哲学的最高目的是提高人的地位，时代的最好标志是人得到尊重。他把哲学家与民众联系起来，把批判的锋芒同时指向宗教和专制制度。

此时，黑格尔尚未形成自己

的哲学思想体系。按照康德关于理性宗教的要求，黑格尔写了《耶稣传》，把耶稣看成一位德行教师。他还写了《基督教的实定性》，把基督教看作是违反实践理性而强加于人的僵死的宗教。这在宗教的批判史上起着重要的作用。1798 年，他匿名出版了《关于瓦特帮（贝德福）和伯尔尼城先前国法关系的密信》，对伯尔尼寡头制度下的政治和司法作了尖锐的批判。他对英国的政治经济学也有所研究，对于早期资本主义有较深的理解，并且构成他整个体系的重要部分。之后他逐步转入哲学。黑格尔不满意康德的道德律至上性，认为这是把普遍法则与个别主体对立起来。黑格尔主张普遍与个别、道德与感性的统一，他通过对爱、生命、精神和伦理的论述，力求克服二元论，以达到辩证的统一。他认为统一性是"结合与非结合的结合"，或者说是"主体与客体的合一，自然与自由的合一，可能与现实的合一"。这时，黑格尔仍然认为宗教高于哲学，认为哲学作为反思的思维不能把握生命和精神的无限性。这一看法不同于他以前的观点，到耶拿以后，黑格尔很快又放弃了这一观点，转入论证绝对知识。

耶拿时期和班堡时期　黑格尔在耶拿时期，是他把自己的理想变为体系的一个转折点。1801 年他写了《费希特和谢林哲学体系的差异》一文，参加当时的哲学争论。这是他发表的第一篇哲学论文。他站在谢林一边，用谢林的客观唯心主义批判 J.G. 费希特的主观唯心主义。文中已经蕴涵着黑格尔自己特有的观点，表明他没有完全停留在谢林的体系之中。他认为，绝对是同一和非同一的同一，哲学的任务在于扬弃分离，达到结合。他批评费希特没有达到这种同一，仅以自我意识为主体－客体，其实主体是主观的"主体－客体"，客体是客观的"主体－客体"。他还认为，作为谢林体系的同一性是绝对的同一，取消任何差别与对立，会导致独断论。黑格尔与费希特的不同，在于他强调绝对作为本体的客观性；他与谢林的不同，在于他强调绝对之中包含着差异及其显现与展示过程。黑格尔把哲学规定为知识的总体，认为它是一个概念体系。这一体系的最高法则不是知性，而是理性。他要求哲学以概念体系的形式表现绝对，表现主客体的辩证统一，从而奠定了他辩证的客观唯心论的原则。

黑格尔在这一时期还发表了一些批评康德、费希特和 F.H. 雅各比等人的著作。这些人的哲学被黑格尔看作主观的反思哲学、需要克服的片面性哲学，因而必须把它们同以总体为基础的"真正的哲学"区别开来。其中《论自然法权的科学研究方法》一文，批判地扬弃了霍布斯与卢梭的自然法权的学说，并进而批判了康德和费希特的实践哲学。他主张在近代条件下发展亚里士多德的伦理原则，在保证个人自由的条件下，确立个人和整体的一致性，确立伦理和自由的统一、道德与伦理的统一。黑格尔还论述了伦理的组织形态以及劳动的伦理意义。上述著作和论文，都为他创作《精神现象学》作了准备。

黑格尔从 1805 年开始写《精神现象学》，于 1807 年 3 月出版。它标志着由康德开始的德国哲学革命进入了新的阶段，也标志着黑格尔已经成为一位成熟的和独树一帜的哲学家。他在这部巨著中划时代地提供了一部人类意识的发展史。它从内容上将人类意识发展分为五个阶段：意识、自我意识、理性，这三个阶段属于主观精神；精神，即客观精神；绝对精神。黑格尔的整体观和伟大的历史感，均体现在这部意识发展史中。《精神现象学》作为人的意识发展诸阶段的缩影，深刻地揭示了人的个体发展及人类社会发展两个方面的历史辩证法。对此，黑格尔主要是通过"异化"和"自我意识的异化"加以揭示的。只不过黑格尔把历史中人的异化的不同形态，归结为意识异化的不同形态。这样，他就把历史发展唯心主义地颠倒了。但是，在这种颠倒的形式中，包含着对劳动本质的深刻认识，即把现实的人理解为他自己劳动的结果。

《精神现象学》包含着黑格尔后来创造的庞大体系的基本纲要、萌芽和雏形。《逻辑学》中包含的思维的内容与形式的统一、概念的自身运动、真理按其本性自己运动、量变到质变的飞跃、对立面的树立及其扬弃从而达到统一、否定之否定等黑格尔哲学体系核心的基本观点，该书在某种程度上都提出来了。《精神现象学》还包含后来《精神哲学》的基本轮廓、《自然哲学》的萌芽形态。著作在论述"感性确定性"时涉及时空范畴；在论述"知性"时，提出了诸如物质、运动、力的交替和自然的内在核心等问题；在论述"观察的理性"时，讨论到生理学和生物学，提出了把自然当作有机整体的观点，批判了当时流行的相面学和头盖骨相学；在论述"理性"尤其是"精神"时，讨论了许多道德、伦理问题，涉及从古希腊、罗马至近代文艺复兴和启蒙运动的广阔历史问题。这些都为后来的《法哲学原理》和《历史哲学》开了先河。在《精神现象学》中黑格尔虽然尚未在绝对精神部分把艺术作为一个环节摆进去，但在论述希腊的伦理世界和讨论道德时，他已涉及悲剧起源于片面伦理观念冲突以及希腊悲剧中的命运问题。在讨论艺术的宗教时，他对艺术作了抽象的、有生命的和精神的区分，这和他后来在《美学》中把艺术发展分为象征的、古典的和浪漫的有内在联系。《精神现象学》中关于宗教的论述，从其内容的安排上看，大体上与他的《宗教哲学讲演录》也是一致的。

黑格尔在从耶拿到班堡办报的一年时间里，还写了《谁在抽象思维》这篇批判形而上学思维方式的重要文章。

黑格尔《法哲学原理》1854 年版扉页

纽伦堡时期和海德堡时期 在纽伦堡，黑格尔完成了另一部巨著，即1812、1813、1816年先后分三卷出版的《逻辑学》。这部著作的重要意义和它出版后遭到的冷遇形成鲜明的对照。它只是在马克思主义哲学中才得到了正确的理解、改造并加以应用。透过这部著作的神秘外壳，可以看到其中包含对于自然、社会与思维的一般辩证法的深刻表述。在黑格尔的体系中，《逻辑学》占有核心的地位。除了《精神现象学》之外，他把自己的其他著作都看作是《逻辑学》的展开和应用。

黑格尔的《逻辑学》是由"存在论"、"本质论"和"概念论"组成的概念推演体系。概念在这个体系中的先后次序，只是逻辑的，与时间无关。它在自然和人类社会出现之前就永恒存在，并构成自然和人类社会的本原和本质。恩格斯针对这种观点指出，黑格尔哲学具有把基督教的上帝创世说加以理性化的性质。正是在这种神秘主义虚构的外壳后面，无论就《逻辑学》的整体还是它的各部分而言，处处都包含着关于客观辩证法系统的深刻洞见。马克思指出，黑格尔"第一个全面地有意识地叙述了辩证法的一般运动形式"。

从整体上看，在《逻辑学》中，"存在论"的概念是直接性的，比较抽象。"本质论"的概念是间接性的，向具体概念前进了一步。"概念论"的概念是直接性与间接性的统一，达到了真正的具体概念。《逻辑学》的这个整体结构表明，黑格尔实质上已经把认识看成一个从低级到高级、从抽象到具体的辩证发展过程。但他把这个认识过程看成是客观世界本身的发展过程，从而把认识的逻辑结构强加给客观世界。在认识的逻辑结构中，黑格尔在极力把人类认识所得的概念，采取历史与逻辑统一的方式，分层次地构成一个有机整体的体系时，本身就包含着对于世界真实辩证过程认识的深化与升华。《逻辑学》集中地体现了黑格尔把宇宙看成一个运动、变化、发展的有机整体的合理思想。

在"存在论"中，黑格尔通过质、量、度的推演和分析，在西方哲学史上最先把质量互变作为一条普遍的规律提出来了。质是某物之所以为某物的规定性。质的规定性一旦丧失，某物就不成其为某物。质本身就含有量，所以由质而推出量。量作为事物外在规定性，其变化一般不影响事物的性质。但这种量变是有一定限度的。这种限度就是度，或称尺度。度又包含量变不影响质变与影响质变的两重含义。黑格尔把质量互变的点称作"交错点"，把由此种点组成的线称作"交错线"。特别重要的是，黑格尔指明了量变是"渐进性的过程"，而质变则是"渐进过程的中断"达到"飞跃"，并借此批判了否认质变和飞跃的形而上学发展观。他指出，"一切生和死，不都是连续的渐进，倒是渐进的中断，是从量变到质变的飞跃"。

"本质论"包括本质自身、现象、现实三个层次的概念。黑格尔的杰出贡献主要通过本质自身的推演，即分析同一、区别、对立、矛盾诸层次的概念，深刻地批判了否认矛盾和矛盾普遍性的形而上学世界观，揭示了对立统一这个宇宙的根本规律。黑格尔认为，以传统逻辑的同一律、矛盾律、排中律作为把握世界本质的思维方式，是抽象的同语反复，不仅不能把握任何事物的本质，而且违背常识，甚至违背形式逻辑本身。即使一个由主词和宾词组成的判断，也不是依据 $a = a$ 这个同一律，而必须承认主宾词统一中包含有区别，否则就不成其为一个判断。黑格尔由此进一步认为，说矛盾不可设想，那是可笑的，一切事物自身都包含矛盾。矛盾是一切运动和生命力的根源；事物只是因为本身具有矛盾，它才会运动，才有动力和活动。同时，黑格尔还把矛盾发展看作一个从自在到自为的过程。同一、区别、对立，都是矛盾发展的不同层次。同一不是 $a = a$，而是包含区别于自身。区别不是 $a \neq$ 非 a，而是内含同一。对立也不是或者 a，或者非 a，而是同样包含同一于自身。但是，这些矛盾阶段，尚处于自在阶段，都还没有达到对立面相互转化的具有生命搏动的阶段。只有经过自为阶段的矛盾，才能过渡到一个新的矛盾统一体即根据。黑格尔还运用这种对立统一的观点，论证本质与现象、偶然与必然、可能与现实等诸种辩证统一关系。

"概念论"包括主观性、客观性、理念三个阶段的概念推演。在主观性部分，黑格尔批评把传统逻辑作为世界观所表现的形式主义和僵化的倾向，并从逻辑形式所固有的内容及其关联上，提出了关于概念、判断、推理的辩证观。概念、判断、推理作为表达真理的具体概念，是普遍，但不同于抽象的"共同点"，而是包含特殊、个别于自身；它是个别与特殊，但并不排斥普遍，而是普遍寓于自身中。黑格尔在这里集中地揭示了普遍与特殊相联结这个辩证法的重要内容，从而把他创立的辩证逻辑与传统逻辑作了严格的区别。在客观性部分，黑格尔所揭示的合理思想，主要表现在他实质上把目的性作为人所独具的实践的特征之一，目的性得以实现，被黑格尔称为"理性的狡狯"，即它不直接与对象发生关系，而是借助于工具和手段来实现。黑格尔关于工具重要性的认识，包含着向历史唯物主义前进的重要合理

思想。理念是黑格尔《逻辑学》所追求的最终目标。它包括生命、认识的理念，实践的理念、绝对理念诸层次。在这部分，集中表达了黑格尔的真理观和方法论。就真理观而言，黑格尔不仅认为真理存在于现实事物的总和与相互关系之中，存在于对立面统一之中，因而是全面的、具体的，而且认为真理是一个矛盾的发展过程。黑格尔提出了著名的"行动推理"：①目的发自现实，并要求支配现实；②目的以制造和使用工具去陶铸现实；③结果使目的得到实现。在这个推理中，包含着如何使认识与实践、主观与客观达到统一的深刻思想。就方法论而言，黑格尔认为绝对理念包含了前此概念发展的全部真理。但是，他在这里所考察的已经不是这种结果，而是它的发展形势，即整个哲学方法。黑格尔依据内容与方法统一的原则，既坚持内容决定方法，又强调方法的极端重要性。他明确指出，"方法并不是外在的形式，而是内容的灵魂和概念"。鉴于哲学的发展是一个矛盾运动的过程，为了把握哲学发展中各环节

的联系与区别，三分法只是认识的外在形式，重要的是要坚持对立统一原则，把作为辩证法要素的分析与综合统一起来。只有这样，才能在统一中把握对立，并在对立中把握统一。

《逻辑学》在逻辑史上具有革命的意义。因为它既不是亚里士多德以来的形式逻辑，也不是今天的语言分析逻辑和数理逻辑，而是属于另一种思维模式。它在客观唯心主义前提下，以辩证法为贯串其中的主线，把本体论、认识论和逻辑结合为一体，即用思辨概念表达同一的本原，即主客统一体自我展现的整体过程，并且只有在这种意义上，它才是内容与形式统一的逻辑，是真理自身的逻辑和达到具体真理的途径。

1816年黑格尔开始在海德堡担任哲学教授，讲授哲学史、法哲学、美学、人类学、心理学、逻辑学、形而上学。他根据讲课提纲编辑成《哲学全书》于1817、1827、1830年出版，每次重版都做了重要修改。他还发表了政论《评1815年和1816年符腾堡王国等级议会的讨论》，坚持他的君主立宪制观点，批评邦议员们要求恢复法国革命前的旧法制。

柏林时期 1818年黑格尔被任命为普鲁士王国的教授，他起初看到的是一个有改革气象的普鲁士，支持他的是教育大臣、改革派人物阿尔腾斯泰因。黑格尔改变了以往厌恶普鲁士的态度，希望柏林这个新的政治中心能够同时成为科学与哲学中心，建立起一个"思想的自由王国"。事情的进展与他的愿望不同，他和普鲁士当权者貌合神离，他的哲学也遭到非议，甚至引起普鲁士当局的不满。

黑格尔在柏林时期的主要著作有《法哲学原理》。法哲学阐述了"客观精神"的全部内容，即权利、道德和伦理。整个法哲学的基础是关于自由的问题，其他方面则属于现象领域或历史性方面。法哲学中的一个重要概念是"法"或"权利"，黑格尔把它定义为"自由的所有规定的定在"，要求把它同法律上讲的权利、同所谓市民权利区别开来，要求对它不要作惯常的理解，声明它是指道德、伦理和世界历史。所以就理论原则来说，法哲学是一种近代的社会政治理论，它比启蒙运动思想有所前进，包含着对资本主义社会的批判因素。在这一时期，黑格尔还讲授历史哲学。在黑格尔的历史观中，历史的基本问题是关于自由的问题，他把历史看作自由意识的进展。他用目的论理解历史，认为历史的终极目的，在于让精神达到认识和实现其自身的自由。精神的本质是自由，它的其他一切特性都是为自由服务的手段。历史中的伟人也只是精神的工具。黑格尔把对自由历史的认识看作是一个过程，最终认为一切人作为人是自由的，但这一过程更多的是从逻辑上复制历史。他在强调过程的长期性时，又强调原则本身与其历史实现之间的区别，认为这是一个基本规定。黑格尔在历史哲学中通过理性主宰世界这一客观唯心主义原则，把历史看作一个有规律的、不以人的意志为转移的过程，从而结束了把历史看作非理性的、一团紊乱的观念。

宗教哲学是黑格尔在柏林时期开讲的一个课程。他的宗教思想是促成他死后黑格尔派分裂的一个重

黑格尔在柏林大学讲课

要原因。与其青年时代相比，这时他对基督教的批判大大减弱了，甚至在哲学上与基督教和解。这不只影响到他的宗教哲学，也给他体系的其他部分打上了神学印记。宗教在黑格尔体系中高于艺术，但低于哲学。在这一点上他继承了亚里士多德以来理性主义的神学传统，表现了明显的近代色彩。他把宗教看作一种认识方式，认为它是以表象认识绝对。他排除人格神，排除对神的盲目崇拜和对神的依赖感，而要求用思维把握神，使宗教在哲学中得到"扬弃"；强调神成为人，以及把人提高为神。黑格尔从来不把宗教归结为教士的欺骗，而把它看作是历史和当代深刻矛盾冲突的表现及其解决。人对神的观念同人对自己的观念相应，这是黑格尔的一个重要观点。

黑格尔在柏林作了 6 次关于哲学史的讲演。他把哲学史和哲学统一起来，哲学史在他看来是在时间中发展的哲学，而哲学是在逻辑体系中的哲学史。因此哲学史在总体上可以说是哲学本身，哲学离开哲学史本身便不能成为哲学。他力

求使哲学史成为科学，反对把哲学史当作偶然意见的堆积，主张哲学史中存在内在的、必然的联系。他把发展的原则贯串于对哲学史的考察，把哲学史理解为完整的辩证过程。他的哲学史讲演达到了前人未曾达到的理论高度。

逻辑思想 黑格尔是辩证逻辑的创立者。他是第一个提出辩证逻辑与形式逻辑相区分的哲学家。认为形式逻辑的思维形式是撇开具体内容的形式，是外在形式；辩证逻辑的思维形式是与具体内容相统一的形式，是反映自身的形式。形式逻辑是"知性逻辑"，辩证逻辑是"理性逻辑"。他从辩证逻辑观点出发，具体分析了形式逻辑思维规律的局限性。例如形式逻辑的同一律，虽然对于我们的思维与认识事物是有意义和必要的，使我们思维"有坚定性与确定性"，能把握对象相对的规定性，但同一律是建立在"抽象同一"的基础之上的，排斥一切差别的同一，是一种非此即彼的形而上学思维方法，无法认识事物的真理。

黑格尔以辩证逻辑来改造形式

逻辑，制定与规定了辩证逻辑的概念、判断和推论的规则和基本内容。

概念不是"抽象概念"，而是"具体概念"。概念包含普遍性、特殊性和个体性3个环节，概念是这三者的统一。

判断是把概念的3个环节加以区别，然后用联系词"是"把三者联系起来。判断分为4类：质的判断是指感性方面的特定存在的判断，这种判断的谓词只陈述主词的直接的感性的质，是判断的初级形式。反思判断是指谓词间接地与他物的联系中陈述主词，从而比质的判断较深刻地揭示了主词的内容。必然判断是指主词与谓词之间是必然的、内在的联系，两者的内容得到统一，但还不是最高的判断，因为还没有把普遍性与特殊性真正统一起来。概念判断是以真、善、美概念为谓词，主词与谓词达到完全一致，是最深刻的最高的判断。黑格尔对判断的分类看成是由低级到高级、由浅入深的内在的必然的发展过程，反映了人们对事物认识由现象到本质的不断深化过程，因此

这种分类法的内在的真理与内在必然性明明白白地表现出来。

推论是概念与判断的统一。一方面推论是把普遍性、特殊性和个体性3个环节统一起来，另一方面推论又是把3个环节分别作为"中项"。推论有3类：质的推论是从主词中挑选出任何一个特性作为中项，来证明自己要达到的结论，这是一种抽象的"知性推论"。反思推论不同于质的推论，它是把大前提与小前提的两端项结合为一体作为中项。反思推论又分为全称推论、归纳推论和类推推论。必然推论是以"本质的普遍"作为中项，把大前提与小前提的两端项联系起来，所以得出结论是必然的，必然推论又分为直言推论、假言推论和选言推论。黑格尔关于推论的理论晦涩难懂，推论过程有的地方牵强附会，但又体现了逻辑与认识论相一致的思想。

黑格尔从"绝对唯心主义"出发，认为概念、判断和推论不仅是主观思维形式，而且还是客观事物，把客观事物看作是逻辑形式的表现形态，从而提出一切事物都是

概念，或判断，或推论。

伦理思想　黑格尔集以往西方伦理思想之大成，特别是继承和发展了康德的伦理思想，建立了一个完整的理性主义伦理思想体系。黑格尔关于伦理的学说就是他的法哲学，其中包括抽象法、道德、伦理3个部分，中心是揭示自由理念的辩证发展过程。黑格尔把法看作自由理念的体现，它的出发点是自由意志。在他看来，自由意志借财产私有权以实现其自身，就是抽象的法；它在个人主观内心的规定，就是道德，所以道德是主观意志的法。他指出，道德意志表现于外，便构成行为；行为通过故意的或有意图的活动所达到的结果，就是福利；法与福利的结合就是善，而良心是对善的内部规定或认识。黑格尔总结全部伦理思想史得出的一个基本结论是："行法之所是，并关怀福利，——不仅自己的福利，而且普遍性质的福利，即他人的福利。"黑格尔认为，道德行为的外部体现是复杂的综合体，是必然与偶然、动机与效果、目的与手段、理性与情感的辩证统一，善与恶也是相互联系、相互转化的。在他看来，良心是一个辩证的发展过程，它在道德阶段即在主观意志阶段只是形式的，既可能为善，也可能为恶，还处在"转向作恶的待发点上"，要达到对普遍的善即绝对价值的认识，只有在伦理阶段的普遍关系中才能实现。

黑格尔认为，扬弃了的道德就是伦理，并在伦理中显示出人类共同体的有机形式，其发展过程包括家庭、市民社会和国家3个环节。家庭是单个人以爱相维系的联合体，它的分化及其外部联系所形成的共同体就是市民社会。市民社会是一个包含复杂需要的体系，集中表现着个人与社会、利己与利他的矛盾。在黑格尔看来，人的现实活动表现为需要、劳动和享受3个环节，个体满足自己需要的劳动，既是自己需要的满足，同时又是对其他个体需要的满足，每一个个体要满足自己的需要，只能通过别的个体的劳动才能达到。因此，他强调，他人和社会整体离不开个体，个体也在为他人和社会整体的献身活动中实现自己的价值，从而达到

"为他的存在"和"自为的存在"的统一，这种"活的精神"的伦理表现，是"他们为我，我为他们"。黑格尔力图克服利己主义和利他主义、自爱论与仁爱论的片面性，提出应通过劳动和交换，在对立中使个人的利己心转化为有利于满足他人和社会的需要，实现个人利益和他人、社会利益的统一。他指出，市民社会划分为不同阶级、具有严格等级是国家的主要基础，国家是家庭和市民社会的统一，是伦理理念的最高体现，因而也是调解社会矛盾和个人生活的神圣力量。他强调，个人只有把自我规定在普遍的等级和阶级关系中，才能获得客观性和人格；个人只有隶属于国家，才能使形式的良心提高到真实的良心，实现法与福利、权利与义务、主体与客体的统一，达到至善和自由。

从哲学上看，黑格尔伦理思想的形式是唯心的，但其内容是现实的，方法是辩证的，它的成就对后世伦理思想包括马克思主义伦理思想的形成和发展有着重要影响。

美学思想　黑格尔的美学思想主要反映在他的《美学讲演录》一书中，这是他整个哲学体系的一个组成部分，也是他的哲学体系在美学和艺术领域中的具体表现。

黑格尔认为世界的本原是精神性的理念，整个世界不外是绝对理念自我认识、自我实现的过程。从而历史不再是一堆偶然的现象，而是合乎规律、合乎理性的发展。艺术、宗教、哲学，便是绝对理念在精神阶段发展中的最高阶段。艺术的根本特点，是理念通过感性的形象来显现自己、认识自己。"美是理念的感性显现"是黑格尔美学思想的核心。

"美是理念的感性显现"表明：①肯定了美是理念，但美的理念不同于一般的理念。一般的理念是抽象的、概念性的，美的理念却必须具有确定的形式，与现实的具体特征结合在一起。只有具体的理念，才能显现为感性的形象。例如画家画苹果，不能把苹果当成抽象的概念来画，必须结合颜色、形状等，把苹果当成具体的形象来画。②美的理念要通过感性的形象来显现。因为当理念发展到精神阶段，人的

自由理性要把内在世界和外在世界作为对象，提升到心灵的意识面前，以便从这些对象中认识自己。即人要通过感性形象来认识和观照自己，以便把自己再现出来。感性形象，是理念自身显现出来的，并不具有自然的物质存在，而是心灵化的东西经过感性形式来表现的。画家所画的苹果，只是一种感性形式，并不是真的苹果，并不和人们发生任何物质的功利关系。③感性形象既然是理念的自我显现，二者的统一是必然的。西方美学史中关于理性与感性、内容与形式、一般与特殊的争论，到了黑格尔，才从唯心主义的角度，通过"美是理念的感性显现"，把本来相互矛盾的两个方面统一了起来。

在黑格尔看来，自然美显现理念不充分、不完善，不是真正的美。只有艺术美，才是心灵的产物，才能"把每一个形象的看得见的外表上的每一点都化成眼睛或灵魂的住所，使它把心灵显现出来"。只有艺术美才是真正的美。美学研究的"范围就是艺术"，美学这门科学的正当名称即是"艺术哲学"，更确切一点，是"美的艺术的哲学"。

黑格尔分别对艺术的性质和特征、艺术发展的历史类型和各门艺术的体系，进行既是逻辑的又是历史的分析。逻辑方面，他建立了一个庞大的有关艺术的唯心主义哲学体系；历史方面，他开创了艺术社会学的研究，展示了宏伟的历史观。

黑格尔认为，在艺术中，理念既要显现为个别形象，出现在感性世界及其自然的形状中，同时又要清洗掉外在世界中那些偶然性的东西，使它达到普遍性的高度，揭示出心灵的意蕴，符合心灵的旨趣。这在黑格尔看来，就是"理想"，"理想就是从一大堆个别偶然的东西之中所捡回来的现实"。理想艺术的出现，要有一般的世界情况，要有导致冲突的情境，要有作为"理想艺术表现的真正中心"的人物性格。因此，人物性格成了黑格尔研究艺术美的中心。

黑格尔探讨了艺术发展的历史类型。他从理念的精神内容与其物质表现的感性形式的关系出发，把艺术的历史发展分为 3 种类型：①象征主义类型。物质表现形式压倒精神内容，物质不是作为内容的形式来表现内容，而是作为一种象征来象征内容的某个方面。埃及的金字塔，是象征型艺术的典型代表。②古典主义类型。物质表现形式与精神内容达到高度统一，艺术美的理想得到真正实现。希腊的雕刻是其代表。③浪漫主义类型。理念不断克服物质的障碍，不断回复到它精神性的本性，精神内容终于压倒物质的表现形式。中世纪的基督教艺术，近代的戏剧、小说、诗歌等，都是浪漫型的艺术。

黑格尔建立了各门艺术分类的体系，认为理念通过不同的感性材料显现出来，成为不同的艺术。感性材料是区分各门艺术的一个标志。在艺术分类中起决定作用的，仍然是理念。建筑的物质材料超过了精神内容，不宜充分显现理念，在黑格尔看来，建筑是最低级的艺术。反过来，诗差不多去尽了物质材料的痕迹，变成了语言，最适宜显现理念，因此是最高级的艺术。在诗里面，诗剧又最高，因为它既有人物、情节，具有客观性，又有

个人自我意识和人格的独立性，具有主观性。在这主观性与客观性的统一中，中心是人物性格。悲剧中的人物性格，各自代表某种普遍力量，相互冲突，终于同归于尽，从而永恒的正义取得了最后的胜利。这最符合黑格尔辩证法的规律，因此在各门艺术中，他把悲剧看得最高。黑格尔的美学思想在西方美学史的发展过程中，起了划时代的作用，成为古典美学的集大成者。

评价　黑格尔哲学集德国古典哲学之大成，具有百科全书式的丰富性。一方面，黑格尔对于西方社会从中古向近代过渡的世界性变革，包括从古罗马帝国灭亡到法国大革命的历史，对于当时许多自然科学和社会历史研究的成就等，都做了哲学概括，反映了上升时期资产阶级生气勃勃的革命进取精神。同时，黑格尔本身的政治态度，以及他对资本主义的分析，也暴露了德国资产阶级的落后性以及整个西方资产阶级的历史局限性。这两重性，在黑格尔哲学中，表现为丰富的辩证法内容与保守体系的深刻矛盾。

在黑格尔哲学中，提供了空前丰富和系统的辩证法纲要，成为后来马克思主义哲学的直接来源。这个辩证法纲要包括对立统一、质量互变、否定之否定三大规律，关于事物自身运动、普遍联系和相互转化，关于本体论、认识论、逻辑的统一，关于事物发展中渐进过程的中断、飞跃、质量交错线、螺旋上升的圆圈形式，关于主体与客体、个别与一般、特殊与普遍、有限与无限、有与无、量与质、本质与现象、内容与形式、可能与现实、原因与结果、自在与自为、肯定与否定、抽象与具体、自由与必然、整体与部分、分析与综合以及过渡、反思、中介、外化、对象化、物化、异化、扬弃等的辩证范畴，从而为从哲学高度把握运动、变化、发展的整体世界，提供了思想武器。黑格尔还力图把辩证法贯串到他所研究的每个领域，在这些领域差不多都有划时代的发现。他的整个哲学体系表明，从自然、社会历史到思维的广大领域，他都力图用辩证法找出其有机的发展线索，从而能够比前人更深刻更全面地洞察

和揭示出这些领域的本质和规律。另一方面，黑格尔辩证法的宏伟体系和他在各个领域的新发现，又以客观唯心主义为基础，束缚在神秘思辨的坚硬外壳之中。这些丰富而深刻的合理内容，在黑格尔的形式下，是不能直接应用的，黑格尔的客观唯心主义和神秘的思辨，主要表现为他把理性认识夸大和绝对化，把人类这个最高的认识夸大到脱离人，从而也脱离自然和社会的地步，变成独立的实体和无人身的主体，并以此作为整个世界的本原和灵魂。这是对自然、社会历史和思维真实发展过程的颠倒。但是，黑格尔这种颠倒的世界观体系，却包含有异常丰富而深刻的合理内容。黑格尔的哲学被马克思和恩格斯称为倒立的辩证法、倒立的唯物主义，被列宁称为聪明的唯心主义。

黑格尔这种内容深刻而又被客观唯心主义思辨结构严密束缚的哲学，经受了长期的历史消化过程。对黑格尔哲学的批判和发挥，一直存在着积极与消极两种对立的倾向。黑格尔在世时，他的哲学培养

了一代人，在国内形成一个学派，并已开始超出国界。在他逝世后，黑格尔学派解体，普鲁士王国请谢林来消除他的影响。历史现实的发展提出了新的要求，黑格尔哲学中落后和过时的东西，它的唯心主义和保守方面不能不被当作死的东西。老黑格尔派 P.K. 马尔海内克、H.G. 霍托、K.L. 米希勒、E. 甘斯、K. 格舍尔、H. 欣里希斯等人倾向于坚持立宪君主制，坚持哲学与宗教的一致性；施特劳斯、鲍威尔、施蒂纳、赫斯、费尔巴哈、卢格和马克思等人形成的青年黑格尔派则不同，这派从宗教批判开始，走向政治批判和各自殊异的哲学。费尔巴哈用唯物主义和无神论代替了黑格尔的体系，却忽视了其中的辩证法。马克思和恩格斯批判改造了黑格尔的唯心辩证体系，建立了唯物辩证法，把哲学引向无产阶级消灭资本主义、建立共产主义的实践。马克思和恩格斯曾公开声明自己是黑格尔的学生，指出继续识别和吸收黑格尔哲学中合理内容的重要意义。在他们之后，列宁坚持了这一方向。通过研究黑格尔，列宁提出了发展辩证唯物论的宏大纲领。

20 世纪以来，黑格尔哲学重新受到广泛重视。黑格尔研究成了国际现象，不同学派都提出自己的解释，从中引出自己的结论。今天东西方很少有哲学家和哲学派别不同黑格尔发生直接和间接的关系。黑格尔派或新黑格尔主义，成了历史现象，但黑格尔哲学却在发挥自己的作用，启发当代人的思想。在中国，黑格尔作为德国古典哲学中最有影响的一位哲学家，他的哲学得到广泛、深入的研究。

费尔巴哈

19 世纪德国唯物主义哲学家，无神论者。

生平和著作　费尔巴哈生于巴伐利亚的兰茨胡特，卒于纽伦堡。父亲是著名的刑法学家，曾用法律观点批判过封建制度的专横。费尔巴哈在上文科中学时，立志做神学家。但在 1823 年进海德堡大学神学系后，很快因为信仰和理性的冲突，对神学失望了。1824 年，费尔巴哈转入柏林大学哲学系，听德国著名哲学家黑格尔讲授逻辑学、形而上学和宗教哲学等，深受影响。不久，对黑格尔哲学的前提和抽象性质产生怀疑和不满。1826 年转学到爱尔兰根大学，学习植物学、解剖学和心理学。1828 年撰写博士论文《论唯一的、普遍的和无限的理性》，答辩获得通过。随后在该校任讲师，讲授近代哲学史、逻辑学和形而上学。1830 年匿名发表

《论死与不死》，揭露基督教教义的虚伪。这本书立即受到宗教人士的攻击，并被当局没收，费尔巴哈的作者身份也被查明。他从此离开大学讲坛，但仍然坚持学术研究，加工整理大学的讲稿，写成三部哲学史著作：《从培根到斯宾诺莎的近代哲学史》（1833）、《对莱布尼茨哲学的叙述、分析和批判》（1837）和《比埃尔·培尔》（1838）。

费尔巴哈的三部哲学史著作虽然没有摆脱黑格尔唯心主义观点的影响，但对近代唯物主义热情地给予了肯定的评价，明确地把哲学同宗教对立起来，把哲学发展的历史描述为人类理性从神学下解放出来的过程。这时他的哲学观点正处在向唯物主义的转变中。

1837 年，费尔巴哈迁居布鲁克堡村，同年结婚。在这穷乡僻壤，费尔巴哈依靠妻子的产业、自己著作的稿酬和政府的少量津贴，过着俭朴的生活。

1837—1843 年间，费尔巴哈属于青年黑格尔派，是 A. 卢格主编的《德意志艺术和科学哈雷年鉴》的积极撰稿人。这家刊物首次发表

了他关于哲学和宗教问题的主要著作:《黑格尔哲学批判》(1839)《基督教的本质》(1841)、《关于哲学改造的临时纲要》(1842)和《未来哲学原理》(1843)等。这些著作批判了黑格尔的思辨唯心主义和基督教的黑暗本质,提出了他的人本主义原理和无神论思想。这时费尔巴哈的哲学观点已根本转变到唯物主义方面。

1843年,费尔巴哈曾同K.马克思和卢格通信,表示支持筹办《德法年鉴》,但他不完全赞同他们通过革命改造德国的纲领,拒绝参加编辑部的工作。不久,他同卢格

的关系因意见分歧而破裂。费尔巴哈专注于宗教问题,把宗教研究的范围扩大到基督教以前的自然宗教,写出《宗教的本质》(1846)和《从人本学观点论不死问题》(1846)等重要著作。

1848年,德国爆发资产阶级革命。费尔巴哈热烈欢迎革命的到来,拥护资产阶级民主制。但是,他并不懂得正在发生的革命的意义,认为民主制的建立是将来的事,不愿投身到现实的斗争之中。在革命高潮里,费尔巴哈被激进的大学生、市民和工人看作自由思想的象征。1848年12月到1849年3月,他应邀到海德堡市政大厅发表演说,综合地讲述了他的哲学和宗教思想。这次讲演稿于1851年以《宗教本质讲演录》书名出版。1849年5月,费尔巴哈出席法兰克福的国民会议,但对会议持消极态度。

1849年革命失败,费尔巴哈回到布鲁克堡,埋头从事研究和著述。先后出版了他父亲的传记(1851)和《古典的犹太的和基督教的古代著作中的诸神系学》(1857)。

1860 年，费尔巴哈全家迁居纽伦堡，生活更加艰难。但他仍然努力从事著述，写出《从人本学观点论上帝、自由和不死》（1866）和关于伦理学的著作手稿等。费尔巴哈还研究过一些社会主义文献和马克思的《资本论》。1870 年参加德国社会民主党。

对黑格尔哲学的批判　对宗教批判的需要，使费尔巴哈超出青年黑格尔派，转到对唯心主义特别是黑格尔哲学的批判。他认为黑格尔哲学是近代唯心主义的顶峰，包含了一切唯心主义的秘密。

费尔巴哈认为黑格尔哲学的主要错误是它的唯心主义的思维和存在同一说。他指出，黑格尔从抽象的存在出发，颠倒了思维和存在的关系，黑格尔的"存在"与思维没有分别，思维与存在的同一"只是表示思维与自身的同一"，是虚妄的；黑格尔的"思维"永远不能超出自身达到现实世界，由精神推出自然等做法是逻辑把戏，他只是在思维范围内而没有在实际上扬弃德国古典哲学家 I.康德提出的思维和存在、主体和客体的矛盾。费尔巴

哈对思维和存在的关系做出了唯物主义解释：存在是主体，思维是宾词；思维从存在而来，然而存在并不来自思维；存在的本质就是自然的本质。

费尔巴哈认为，黑格尔唯心主义与神学相同，都是把客观的本质主观化，把自然的、人的本质看作非自然的、非人的东西，"使人与自己异化"；黑格尔所说的"绝对精神"，是抽象化了的、与人分离的人的理性、精神；他的精神外化为自然的学说，是用理性词句改装了的上帝创世说；唯心主义是对神学的哲学论证，而黑格尔哲学是神学的最后避难所和理性支柱；要扬弃神学，就要扬弃黑格尔哲学。费尔巴哈认为，"未来哲学"的任务就是要回到自然、回到人，把神学和思辨哲学转化为人本学。

马克思、恩格斯肯定费尔巴哈批判黑格尔哲学的历史功绩，指出他巧妙地拟定了对黑格尔思辨哲学的批判要点，同时，批评他错误地抛弃了黑格尔的辩证方法。

人本学唯物主义　费尔巴哈继承人文主义和启蒙运动关于自然与

人的思想，恢复英、法唯物主义的哲学传统，建立了他称之为"人本学"或"人本主义"的哲学。他认为，人本学就是以人和自然为哲学唯一的最高对象，自然是人赖以生存的基础。

费尔巴哈认为，人是从自己出发来看待自然的。他说，所谓自然界，就是人拿来当作非人性的东西而同自己区别开来的多种形式的感性事物的总和。它的特征是有形体的、物质的、可被感知的。他继承17世纪唯物主义哲学家 B.斯宾诺莎的自因说，认为自然由自己说明自己，自己产生自己；自然没有始端和终端，时间和空间是自然的存在形式，一切都在现实的时间空间中，依靠自然的必然性、因果性和规律性而经久不息地运动着。他赞扬康德的天体演化说，肯定有机界起源于无机界、生命起源于自然本身。他批评了关于上帝存在的证明和目的论。费尔巴哈坚持了唯物主义自然观，但对自然只是作直观的理解，不懂得社会物质生产已深刻地改变了人类周围的感性自然界。

费尔巴哈强调人是自然不可分割的一部分，是自然转化的有意识、有理性的实体。人是肉体与灵魂的统一，肉体是基础，灵魂不能脱离肉体而独立存在。只有这样理解人，才能达到思维和存在的真正统一。他指出，宗教和唯心主义都是建立在肉体灵魂二重化的基础上的。

与英法机械唯物主义不同，费尔巴哈认为人不是机器，人是感性的对象，人性、人的本质存在于人同自然和人同人的统一之中。他说，人没有脱离自然的特殊规定，"人就是他所吃的那种东西"；只有"爱"能证明人的感性存在，并区别和维系"我"和"你"的关系，人的最内在的本质"表现在'我欲故我在'的命题中"；人与动物的区别在于人有"类"意识，人自己意识到人的本质"就是理性、意志、心"等。费尔巴哈关于人、人的本质的解释，在当时对于反对宗教和唯心主义对人的本性的歪曲，有积极意义。但他的观点脱离了社会历史发展和社会物质关系，基本上局限在人的自然本性上。他理解的人实际上是抽象的自然的人，而

不是具体的社会的人。

感性哲学　费尔巴哈恢复和发展了唯物主义感觉论。他的哲学是建立在感觉的真理性上的"感性哲学"。

同割裂客体和主体的唯心主义和不可知论相对立，费尔巴哈力图证明客体和主体的统一性以及感性世界的可知性。他认为，自然、现实是唯一的认识客体，它在作为主体的认识对象时，同主体是不可分割的。人是认识主体，但作为现实的人，它又是主体（自我）和客体（肉体）的统一，与人以外的客体世界同属于自然。感觉是主体和客体之间的直接联系，它具有直接现实性、可靠性。只要不把主体看作封闭的"绝对主体"，思维就可以达到存在。自然界里没有不可被人认识的事物。人类有足够的感官和能力去发现自然的奥秘。

费尔巴哈强调感觉、直观在认识中的作用。他认为感觉是认识的源泉和起点。客观事物作用于感官而引起感觉，感觉是主观的，但它的基础和原因是客观的。感觉先于思维，认识活动必须从最简单、最明晰的感觉出发，然后走到抽象的对象去。没有感性材料，哲学就会枯竭。费尔巴哈也承认思维在认识中的必要性。他认为感觉只能个别地孤立地感知事物，理性思维才能从感性事物中"分解、寻找、抽出"统一的、一般的规律，从而才能理解对象。费尔巴哈肯定在认知过程中，思维和感觉是相互补充的。思维以感觉为基础并保留感觉，感觉要融于思维之中。但他声称思维只是"诸感官之作用的总和"，按其内容不能比感觉说明更多东西。他没有认识到从感觉到思维是质的飞跃，不懂得两者之间的辩证关系。

费尔巴哈肯定客观真理的存在。但是，他认为真理的"唯一标准乃是直观"。他还认为，"类"是真理的尺度，人们共同一致的认识就是真理。他还提出实践是真理的标准，并据此驳斥唯心主义，然而，费尔巴哈并不懂得社会实践在认识中的地位和作用，不理解人的主观能动性。他所用的"实践"概念，主要指人与人之间的生活交往等。人民群众的社会实践活动，完全在他的视野之外。费尔巴哈的认识论是直观的反映论。

无神论 对宗教的批判研究，是费尔巴哈毕生理论活动的重要内容。他继承法国战斗无神论的传统，否定人类具有天赋的宗教感情。但他不满足于用欺骗和无知来解释宗教存在的原因，而力求从人的生存条件、人本身去寻找宗教的根源和本质。

费尔巴哈认为，人的依赖感是宗教的基础。所谓依赖感，就是人们对自己无法控制的力量所产生的依赖心理，主要指恐惧感，也包括欢乐感、谢恩之情等。他认为，原始的自然宗教或多神教以自然力为依赖对象；精神宗教或基督教则以君主体现的政治、法律、道德等社会力量为依赖对象。他认为，在依赖感的背后存在着自我保存的利己主义，这是宗教暗藏的最后根据。

费尔巴哈说："宗教是人类精神之梦。"人类在意志、愿望和想象中是无限的、自由的，而在能力、获得和实际中又是有限的、依赖的。为了摆脱这一矛盾，就运用想象力去幻想一种超人超自然的力量存在，作为自己生存和获得幸福的保证。这便是宗教的意图和目的。

费尔巴哈无神论思想的重要贡献在于，指出了宗教的本质是人的本质的对象化。他说，人同自己相分裂，人使他自己的本质对象化，然后，又使自己成为这个对象化了的、转化成为主体的、人格化了的本质的对象的崇拜者。这就是宗教的秘密。在自然宗教和多神教里，自然提供造神的材料，幻想给予神以灵性。人崇拜诸神，就是崇拜对象化在自然中的人自己的特性。在基督教里，上帝的本质是人的"类"本质的对象化、异化。人把自己的思维力、意志力、心力和对未来的愿望、理想等直接地对象化，构成全知全能的永恒的上帝，作为统治自己的思想和行动的力量。费尔巴哈说，上帝的意识就是人的自我意识，上帝的价值同人的价值相等。不是上帝创造人，而是人创造上帝。崇拜上帝就是崇拜人自身。

在费尔巴哈看来，人的本质在宗教中对象化、异化的后果，是人

性的贫乏和丧失。上帝是神圣的至高无上的统治者，人却是没有价值的罪孽深重的奴隶。人越是肯定上帝就越是否定自己。宗教崇拜成为一切邪恶和不幸的源泉，造成科学文化的停滞。

费尔巴哈认为，要克服基督教及其造成的后果，就需要有"爱的宗教"。他说，"爱乃是实践的无神论"。在爱的宗教里，没有神的位置和力量，只有人对人的爱。人就是人的上帝。

幸福论伦理思想 费尔巴哈继承、发展了古希腊和17、18世纪英、法幸福论伦理思想传统，建立了一个以人本主义为基础的完整的幸福论伦理思想体系。

费尔巴哈反对宗教超自然主义和康德、黑格尔等人的理性主义道德理论，强调现实生活的幸福和对人的爱。他认为人的本质就是感性欲望，而人的基本欲望就是追求幸福，意志只有在追求幸福的意义上才是自由的，它服从追求幸福的必然性，追求幸福的欲望也就是"绝对命令"，是一切道德行为借以表现的自然基础。费尔巴哈把幸福看

作是道德的目的、内容和原则。他指出，善就是与人对于幸福的追求相适应的东西，恶就是与这种追求相反的东西。在他看来，幸福就是某一生物的健康、正常的或安乐的状态，生命本身就是幸福。他认为，幸福是德行的前提，没有幸福就没有德行，如果没有条件取得幸福，也就没有条件维持道德。他强调，生活的基础也就是道德的基础，凡是成为生活规则的东西，同时也应当成为道德的规则，如果缺乏生活上的必需品，就可能失去道德上的必要性。

费尔巴哈把追求幸福的道德看作是健康的、与人的本性和人生相一致的东西，认为人的第一个责任就是使自己幸福，就是自爱，道德必须立足于利己主义的原则。但是，他反对那种恶的、残忍的、冷酷无情的利己主义，主张善的、富有同情心的、合乎人情的利己主义，即合理利己主义。他认为，人是社会的人，只有在人与人的关系，我与你的关系中，才能有道德，道德实际上就是同别人发生的关系。在他看来，人性不只创造了

单方面对幸福的追求，而且也创造了双方面和多方面对幸福的追求，自我独立存在的道德是无内容的虚构，如果不同时满足他人对幸福的追求，自我对幸福的追求本身是不可能得到满足的；在使自己幸福的同时，又使别人得到同样的幸福，这就是道德；真正的自爱是在对别人的爱中得到自己的满足。他还指出，在社会的交往中，本人的利己主义的满足也就是别人的利己主义的满足，正如性爱的幸福是相互的一样，生产者与消费者、买者与卖者之间的幸福也是相互的，正义同样是相互联系着的双方共同的幸福。因此，他强调己所不欲，勿施于人，对己以合理的自我节制，对人以爱，并试图把这种道德推广到家庭、集团、社会、民族和国家，实现他所谓的"普遍的利己主义"，即最高级的利己主义。

在费尔巴哈看来，这种合理利己主义道德同良心、义务是一致的，认为良心只是自己的幸福和他人的幸福之间的"中介物"，是"他人幸福的代理者"或"在我自身中的他我"，而纯洁的良心就是

使自己幸福也使他人得到幸福；意识到他人的苦难而加强了的同情心，是道德的最坚实可靠的保证。因此，他强调人不仅应对自己尽义务，也应对他人，包括家庭、社会、民族和祖国尽义务，只有把对自己的义务看作是对他人的直接义务，才有道德意义和价值，并且只有无条件地以他人的幸福作为自己的行动准则的人，才是善的和有道德的人。

但是，费尔巴哈所说的人并不是"现实的历史的人"，而是停留在抽象上的人，除了理想化了的爱与友情以外，他不知道人与人之间还有其他什么关系。因此他的伦理思想虽然包含着个别带有历史唯物主义萌芽的命题，但从整体上说不过是"完全适合于现代资本主义社会的""爱的宗教"，在一定程度上起着掩饰资本主义社会阶级对立、调和阶级斗争的消极作用。

影响　费尔巴哈的人本学唯物主义，比之以前的唯物主义有所前进，反映了对自然辩证观察的某些成就，肯定人不是机器，论证了主体和客体的统一性等。但它仍然没有超出旧唯物主义的范围，是直

109

观的、形而上学的、历史唯心主义的。费尔巴哈哲学的历史功绩在于，它反映了德国资产阶级的革命利益和要求，有力地批判了占统治地位的封建神学和思辨唯心主义，使唯物主义重新恢复应有的权威。它为青年马克思提供了唯物主义思想武器，促使他从黑格尔哲学影响下迅速摆脱出来，转向对黑格尔辩证法的批判改造。它是马克思主义哲学的一个直接理论来源。

19世纪40年代以后，费尔巴哈的哲学特别是道德理论成为德国小资产阶级流派"真正的社会主义"的基本信条，被他们用来鼓吹"普遍的爱"和"人道主义变革"，对正在兴起的无产阶级运动一度产生腐蚀作用。马克思、恩格斯对这个流派进行了严厉的批判。在19世纪50、60年代的经济落后的封建俄国，费尔巴哈的人本主义被俄国革命民主主义者继承和发展，成为反对沙皇专制和农奴制度的思想武器，产生了积极的影响。

第二次世界大战以来，随着西方学者对马克思主义研究的开展，费尔巴哈哲学日益受到注意。20世纪50年代以后，除苏联和东欧国家外，联邦德国、英、美、法、意等国，都重版和新译出版了费尔巴哈的著作，发表了一批研究论文和专著。费尔巴哈的某些观点对存在主义、现象学、法兰克福学派和科学哲学也有影响。

马克思

马克思主义创始人，国际共产主义运动的奠基者，全世界无产阶级和劳动人民的革命导师。生于德国莱茵省特里尔城，卒于伦敦。

家庭和学生时代 1830—1835年，马克思在特里尔中学学习。1835年10月进波恩大学法律系，1836年10月转入柏林大学法律系。1837年起研究黑格尔哲学，参加青年黑格尔派。1841年初写成博士论文《德谟克利特的自然哲学和伊壁鸠鲁的自然哲学的差别》，送交耶拿大学审议。同年4月15

日未经答辩获得哲学博士学位。

转向唯物主义和共产主义　马克思结束大学生活后，开始从事反普鲁士专制制度的政治活动。1842年写了《评普鲁士的书报检查令》，批判书报检查制度，揭露普鲁士国家制度的反动本质。1842年4月开始为《莱茵报》撰稿，同年10月15日被聘为该报编辑。他在《莱茵报》上发表一系列文章，猛烈抨击普鲁士封建专制制度，公开维护政治上和社会上备受压迫的贫苦群众的利益。

1843年5月，马克思到克罗茨纳赫，与童年时代的女友燕妮结婚。写了《黑格尔法哲学批判》，得出一个重要结论：不是国家决定市民社会，而是市民社会决定国家，即经济决定政治。

1843年10月他到巴黎，与A.卢格筹办《德法年鉴》杂志。这时他的思想发生新的转变，这反映在发表于1844年2月出版的《德法年鉴》（一、二期合刊）上的《论犹太人问题》和《〈黑格尔法哲学批判〉导言》两篇文章中，表明他向唯物主义和共产主义的转变。

创立科学共产主义理论　在《1844年经济学哲学手稿》中肯定物质生产在社会生活中的决定作用，提出劳动异化思想，揭露雇佣劳动与资本的对立，论证资本主义灭亡和共产主义实现的历史必然性。这是马克思在创立科学共产主义的道路上迈出的重要一步。

1844年8月，恩格斯从英国曼彻斯特来到巴黎，会见马克思。从此开始他们的伟大合作。第一个成果是合写《神圣家族》。该书绝大部分是马克思写的。他们批判青年黑格尔派的主观唯心主义，阐明唯物主义历史观的一些重要原理。

列宁称这部著作"奠定了革命唯物主义的社会主义的基础"。

1845 年 1 月，马克思被法国政府驱逐出境。2 月到布鲁塞尔。写了《关于费尔巴哈的提纲》，着重阐明实践在社会生活和人的认识中的作用，实践是检验真理的标准，提出"哲学家们只是用不同方式解释世界，而问题在于改变世界"。恩格斯称这个提纲是"包含着新世界观的天才萌芽的第一个文件"。1845—1846 年他与恩格斯合写《德意志意识形态》，第一次系统地阐述了唯物史观。他们科学地论证物质资料的生产是社会存在和发展的前提；物质资料生产一方面表现为人与自然的关系，表现为一定的生产力，另一方面表现为人们在生产中的交往关系（即生产关系）；生产力决定交往关系，交往关系也影响生产力的发展；随着生产力的发展，原来与之适应的交往形式变成束缚生产力发展的桎梏；生产力与交往形式的矛盾引起历史上所有制形式的依次更替，这种矛盾表现为各阶级的冲突，表现为思想斗争、政治斗争。他们还根据对资本主义制度下生产力与交往关系的矛盾的分析，论证了资本主义为共产主义代替的历史必然性。唯物史观这一伟大发现揭开了人类历史发展之谜，为科学共产主义奠定了牢固的哲学基础。

1846 年初，马克思和恩格斯为了在工人中传播科学共产主义思想，建立布鲁塞尔共产主义通讯委员会，并同工人运动中的错误思潮魏特林主义、蒲鲁东主义和"真正的社会主义"作斗争。1847 年初，马克思针对 P.-J. 蒲鲁东的《贫困的哲学》写了《哲学的贫困》，丰富了科学共产主义的内容。

1847 年初，马克思和恩格斯应邀参加德国工人的秘密组织正义者同盟，为建立无产阶级政党积极参加同盟的改组工作。在 1847 年 6 月召开的同盟第一次代表大会上，同盟更名为共产主义者同盟。马克思担任共产主义者同盟布鲁塞尔区部领导人。同年 11 月，出席共产主义者同盟第二次代表大会。他和恩格斯受大会委托起草同盟的纲领，这就是 1848 年 2 月正式发表的《共产党宣言》。这是科学共产主义的第一个纲领性文件。

参加 1848 年革命和总结革命
经验　1848 年资产阶级革命席卷
欧洲大陆。3 月初，马克思被比利
时当局驱逐出境，到了巴黎。他受
共产主义者同盟中央委员会委托在
巴黎建立新的中央委员会，当选为
主席。德国三月革命爆发后，马克
思和恩格斯为同盟中央委员会拟定
无产阶级在这场革命中的行动纲领

《共产党在德国的要求》。4 月初，
他们返回德国，直接参加革命。6
月 1 日共同筹办的《新莱茵报》问
世。马克思担任总编辑。"这是当
时民主运动中唯一代表无产阶级观
点的报纸。"随着革命运动在各地
相继失败，反动势力日益猖獗，《新
莱茵报》在 1849 年 5 月 19 日用红
色油墨印了终刊号后，被迫停刊。
马克思于 6 月初离开德国去巴黎。

马克思在国际工人协会海牙代表大会上发言

8月24日又被驱逐出巴黎，流亡到伦敦，在那里长期定居。

在伦敦，马克思重建共产主义者同盟的地方组织和中央委员会，与同盟内部维利希－沙佩尔冒险主义集团作斗争。1850—1852年，马克思和恩格斯把主要精力用于总结1848年革命的经验。为此创办《新莱茵报·政治经济评论》杂志，从1850年3月创刊到11月共出六期。杂志连载马克思写的《1848年至1850年的法兰西阶级斗争》。他用唯物史观对法国1848年革命前后的历史作了总结，用革命是"历史的火车头"这句名言表述阶级斗争和社会革命对历史发展的推动作用，第一次使用"无产阶级的阶级专政"这个概念并阐明它的内容，还提出工农联盟的思想。1850年3月和恩格斯合写《中央委员会告共产主义者同盟书》，这是总结德国1848年革命经验的重要文献。他们指出无产阶级建立独立政党的必要性，制定了无产阶级在未来革命中的策略路线，并对继续革命的理论作了全面阐述。1851年底到1852年初，马克思写《路易·波拿巴的

雾月十八日》，进一步发展了无产阶级革命和无产阶级专政学说，阐明一个极为重要的思想：过去一切革命都使旧的国家机器更加完备，但是这个机器必须打碎。列宁说："这个结论是马克思主义国家学说中主要的基本的东西。"马克思为总结1848年革命斗争经验撰写的这些著作，进一步丰富了科学共产主义理论。

创立马克思主义政治经济学体系 19世纪50年代是马克思一生中最困苦的时期。贫困的阴影一直笼罩着他一家。全家主要靠恩格斯的支援和马克思为报刊撰稿得来的微薄报酬勉强度日。他没有被贫困压倒，仍然埋头从事政治经济学研究，理论贡献异常丰富。从1851年8月到1862年3月，与恩格斯为《纽约每日论坛报》写了500多篇文章，评述当时重大国际事件，抨击各国反动政府的内外政策，声援各国人民的革命运动，特别是东方被压迫民族的解放运动。写了不少论述中国的文章，谴责英、法、俄等国对中国的侵略扩张，支持中国人民的革命斗争。这些文章为马

克思主义关于民族殖民地问题的理论奠定了基础。经过他在 19 世纪 50—60 年代的辛勤劳动，创立了马克思主义政治经济学的科学体系，实现了政治经济学领域的伟大变革。

1857 年 7 月至 1858 年 5 月，马克思写了一部篇幅巨大的手稿——《1857—1858 年经济学手稿》。这部手稿是《资本论》的最初稿本。1858 年初开始在这个手稿的基础上写《政治经济学批判》一书，计划分六册出版。后来只写成《政治经济学批判》第一分册，于 1859 年 6 月出版。他写的序言对唯物史观作了经典的表述。从 1861 年 8 月至 1863 年 7 月，又写了一个新手稿，即《经济学手稿（1861—1863）》。在写作过程中，把原来打算以《政治经济学批判》为题出版的巨著改名《资本论》。这部手稿是《资本论》的第二个稿本。这一手稿包括后来《资本论》第 1 卷的主要内容，也阐述了第 2 卷和第 3 卷的部分内容。其中历史文献部分后来被编为《剩余价值理论》一书出版。从 1863 年 8 月至

1865 年 12 月，他按《资本论》1、2、3 卷的内容对第二个手稿进行整理、修改，写成《资本论》第三个稿本。1867 年 9 月 14 日，《资本论》第一卷在汉堡问世。第 2 卷和第 3 卷由于他过早逝世未能最终完成，后经恩格斯整理和增补，分别在 1885 年和 1894 年出版。《资本论》标志着马克思主义政治经济学科学体系的创立。

第一国际的组织者和领导者　马克思在埋头研究政治经济学的同时，仍同各国工人运动活动家保持密切联系，关心工人运动的发展壮大。19 世纪 50 年代末 60 年代初，欧洲工人运动再次高涨。1864 年 9 月 28 日在伦敦成立国际工人协会，即第一国际。马克思参加了成立大会，被选入领导委员会（10 月 18 日起改称中央委员会，1866 年后改称总委员会），并任德国通讯书记。他为国际起草《成立宣言》《临时章程》和其他重要文件，为国际制定斗争纲领、斗争策略和组织原则。在国际存在时期，他始终是国际的领袖和灵魂，是国际历次代表大会和代表会议的组织

者，亲自参加了 1865、1871 年伦敦代表会议和 1872 年海牙代表大会。在国际内部领导了反对工联主义、蒲鲁东主义、拉萨尔主义的斗争。在国际后期，和恩格斯集中力量同巴枯宁主义作斗争，提高了各国工人运动水平，为马克思主义在国际工人运动中的主导地位奠定了基础，为后来各国无产阶级政党培养了一批骨干力量。

1871 年 3 月 18 日巴黎无产阶级举行起义，建立人类历史上第一个无产阶级政权。马克思十分重视巴黎无产阶级的首创精神，尽力帮助公社领导制定正确的政策，动员各国工人声援巴黎公社。为总结公社经验，他受第一国际总委员会委托起草一个宣言，即《法兰西内战》。这部著作揭露法国资产阶级反动政府卖国投降和镇压起义的罪行，歌颂巴黎人民的英勇斗争精神，总结巴黎公社的实践经验，论证了无产阶级必须打碎资产阶级国家机器代之以无产阶级专政这个重要的原理。

1872 年第一国际海牙代表大会后，总委员会迁往纽约，马克思和恩格斯不再参加国际的领导工作。

伟大一生的最后十年 晚年常被病魔缠身，为完成《资本论》第 2 卷和第 3 卷，继续收集和研究各种资料，不断发展政治经济学理论。1872—1875 年，他花了很大精力修改《资本论》第一卷法文版。这个版本具有独立的科学价值。1875 年，李卜克内西等领导的德国社会民主工党和拉萨尔派领导的全德工人联合会决定在哥达召开合并大会，拟定了纲领草案，马克思抱病写了《对德国工人党纲领的几点意见》，通称《哥达纲领批判》。这是科学共产主义的又一个纲领性文件。他同恩格斯一起，批判 K.E. 杜林的冒牌社会主义，批判 K. 赫希贝格、伯恩施坦、K.A. 施拉姆组成的所谓苏黎世三人团的机会主义，关心欧美国家的工人运动和建党工作。1880 年帮助 J. 盖德和 P. 拉法格制定法国工人党纲领，支持他们反对可能派的斗争。晚年他还写了大量有关世界史和古代社会的笔记。逝世后葬于伦敦海格特公墓。

恩格斯

马克思主义创始人之一，国际无产阶级的领袖。生于德国莱茵省巴门市（今乌培塔尔市）一个纺织厂主家庭，卒于伦敦。少年时就学于巴门市立学校，1834年转入爱北斐特理科中学。1837年其父坚持要他辍学经商，一年后到不来梅一家商行供职。

由革命民主主义者向共产主义者的转变　1841年9月，恩格斯到柏林服兵役，并在柏林大学听课，研究黑格尔哲学。1841年底和1842年初写出《谢林与启示》等3篇文章，抨击为普鲁士政府服务的哲学家谢林，维护黑格尔的辩证法和青年黑格尔派从事进步活动的功绩，在德国哲学界引起轰动。在实际斗争中，逐步意识到黑格尔唯心主义哲学同德国现实之间的矛盾，他开始向唯物主义者转变。

1842年11月，恩格斯到英国曼彻斯特的欧门－恩格斯棉纺厂当职员，接触到真正的产业无产阶级，并同宪章运动领袖建立联系。他分析英国的社会状况，研究资产阶级经济学家以及空想社会主义者的著作，为宪章运动机关报《北极星报》和K.马克思主编的《莱茵报》撰稿。1844年3月，在《德法年鉴》上发表《政治经济学批判大纲》和《英国状况——评托马斯·卡莱尔的〈过去和现在〉》两篇文章，初步论述了无产阶级的历史使命。这清楚地表明恩格斯已经完成由唯心主义者向唯物主义者、由民主主义者向共产主义者的转变。

与马克思合作创立和丰富马克思主义　1844年8月，恩格斯在回德国途中拜访侨居巴黎的马克思，两人建立了深厚的友谊，决定为创立科学社会主义理论、制定无产阶级的科学世界观而奋斗。同年9月，与马克思合写《神圣家族》一书，是为对历史唯物主义第一次系统的阐述。1845年，恩格斯写出《英国工人阶级状况：根据亲身观察和可靠材料》一书，第一次明确地指出无产阶级不只是个受苦的阶级，它所处的政治经济地位必然推动它去争取自身的解放；而社会主义只有成为工人阶级的政治斗争目标时才会成为一种政治力量。

为了把科学社会主义同工人运动结合起来，恩格斯和马克思于1846年初在布鲁塞尔建立共产主义通讯委员会，同各国的社会主义团体建立联系，宣传科学社会主义。1847年马克思、恩格斯应邀加入德国工人的秘密组织正义者同盟，并积极参加它的改组工作。恩格斯出席同盟在6月召开的第1次代表大会，向大会阐述科学社会主义的

基本原理，把旧的同盟改组为共产主义者同盟。他为新的同盟先后起草两个纲领草案：《共产主义信条》和《共产主义原理》。在同年11—12月同盟第2次代表大会期间，马克思、恩格斯受大会委托，在前两个纲领草案的基础上负责起草党的纲领。1847年12月至1848年1月，马克思和恩格斯合著的《共产党宣言》第一次公开举起共产主义运动的旗帜，是一个"周详的理论和实践的党纲"，标志着马克思主义的诞生。

欧洲1848年革命爆发后，马克思、恩格斯受共产主义者同盟中央委员会的委托，为德国无产阶级制定了行动纲领《共产党在德国的要求》。德国三月革命爆发后，他们立即回国参加革命斗争。恩格斯除协助马克思创办《新莱茵报》外，亲身参加南德和爱北斐特地区保卫革命成果的几次激烈战斗，显示出卓越的军事才能和大无畏的革命精神。1849年11月10日恩格斯流亡伦敦与马克思会合，担负起重建同盟中央委员会和地方组织的工作，着手总结1848年革命的经验

教训。1850—1852年先后写了《德国维护帝国宪法的运动》《德国农民战争》《德国的革命和反革命》，并与马克思合写《中央委员会告共产主义者同盟书》，分析革命失败的原因，论证工农联盟的必要性，总结无产阶级革命斗争的战略和策略，丰富和发展了科学社会主义理论。

1850年，恩格斯重返曼彻斯特从事他十分厌恶的经商活动，以便在经济上接济马克思。工作之余，他还研究自然科学和军事科学，就各种理论问题同马克思交换意见，写了大量军事、政治论文。恩格斯极其关心欧美各国工人运动的发展。在第一国际前期，尽管他无法直接参与活动，仍通过信件和马克思讨论有关国际的重大问题。他很关心被压迫民族的解放斗争，写过不少论述波兰问题的文章。他在《波斯和中国》《俄国在远东的成功》等文章中，揭露沙皇俄国和英国对中国的侵略，预言今后必将看到"整个亚洲新纪元的曙光"。1870年9月，恩格斯从曼彻斯特迁居伦敦。10月，当选为第一国际总委员会委员。在国际的后期发表《论权威》，总结了巴黎公社革命的经验，批判了巴枯宁派的无政府主义思潮。

19世纪70年代初期，马克思、恩格斯特别关心德国社会民主党的成长。1877—1878年恩格斯写出《反杜林论》，深刻批判 K.E. 杜林唯心主义先验论的哲学、庸俗的政治经济学和假社会主义，第一次系统地论证了马克思主义的哲学、政治经济学和科学社会主义原理，被誉为马克思主义的百科全书。1880年，把《反杜林论》一书理论部分中最重要的部分改编成《社会主义从空想到科学的发展》，此书在法国和其他国家的工人中广为传播，被马克思称作"科学社会主义"的入门书。

恩格斯从1873年开始对自然辩证法的研究，写了许多札记和片段。其中《劳动在从猿到人转变过程中的作用》一文，科学地解决了人类起源的问题。这些手稿在恩格斯逝世后被编成《自然辩证法》一书出版。

坚持和发展马克思主义　1883

119

年 3 月马克思逝世，恩格斯担负了整理和出版马克思文献遗稿工作。1885 年和 1894 年先后出版《资本论》第 2 卷和第 3 卷，完成了马克思未竟之业。1884 年，恩格斯发表《家庭、私有制和国家的起源》一书。1886 年，他发表《路德维希·费尔巴哈和德国古典哲学的终结》一书。从 1890 年起，他在有关唯物史观的一系列著名通信中，在全面论述经济基础和上层建筑辩证关系的基础上，着重阐明上层建筑的积极作用，进一步论述意识形态相对独立性的原理，丰富和发展了历史唯物主义。

恩格斯在从事理论工作的同时，还肩负指导国际共产主义运动的重担。1889 年 7 月，在他的直接领导和关怀下，各国社会主义政党建立第二国际。他帮助和指导德、法、英等国社会主义政党开展反对"左"、右倾机会主义的斗争，先后写出《1845—1885 年的英国》《〈论住宅问题〉一书第二版序言》《〈法兰西内战〉一书导言》《1891 年社会民主党纲领草案批判》《〈英国工人阶级状况〉1892 年英国版序

言》等序文和书信。1894 年写出《法德农民问题》一文，是为马克思主义关于农民问题的重要著作。1895 年 3 月为马克思《1848 年至 1850 年的法兰西阶级斗争》一书新版写了导言，分析和总结 1848 年以来无产阶级斗争条件和方法的变化。5 个月以后病逝。

尼 采

德国哲学家，唯意志论的主要代表。生于普鲁士萨克森的一个传教士家庭，卒于魏玛。1866 年进波恩大学学习神学，不久改学古典语言学。1869 年任瑞士巴塞尔大学的古典语言学额外教授。1878—1879 年患精神分裂症，辞去教职。主要著作有《悲剧的诞生》(1872)、《人性的，太人性的》(1878)、《曙光》(1881)、《查拉图斯特拉如是说》(1883—1891)、《善恶的彼岸》(1886)、《反基督教》(1889)和《权

力意志》（1901）等。

哲学思想 尼采从 A.叔本华的生存意志论出发，摆脱其消极悲观的倾向，使之变为积极行动的反叛哲学，从而创立了"权力意志说"和"超人哲学"。

权力意志说 尼采认为现象世界是加工改造过的世界，与它相对的并不是真实的世界，而是毫无形态、无法表述的混乱的感觉世界。他把客观存在的世界称为虚构，并提出以"权力意志"为基础的宇宙观。他认为贪得无厌的权力意志是万物的本原。它不仅是有意识活动的人的本质，也是一切自然事物和过程的本质。强、弱权力意志之争构成了整个宇宙的全部历史过程和内容。

尼采把达尔文主义歪曲运用于人类社会和历史领域，认为生命的基础是利己的权力意志，剥削是一切生物的本质，因而也是一切人的本质。他提出重新估价一切价值的口号，认为传统的真善美观念抑制了生命的价值，实际上人并不具有真善美的本能，而只有权力意志的本能。他强调要建立新的即权力意志的价值观，认为一切对个人有目的、能促进个人发展前进的以及能战胜别人并使别人为自己服役的东西，都是有价值的。

尼采是非理性主义者。他认为从苏格拉底以来，对理性的尊重给人类带来了无穷的灾难。他主张用意志、本能和直觉代替理性，提

尼采手迹

出为未来规定法律的哲学家应把自己的知识建立在贵族的直觉上。真正的哲学家应当就是统治者和立法者。尼采以古希腊哲学家赫拉克利特的万物流变说和矛盾斗争思想，说明世界是一个动荡不定、无规可循、纯粹偶然、无法凭理性去把握的东西。他还把赫拉克利特的万物永远循环的理论歪曲成为权力意志的永恒轮回说。

超人哲学 尼采从权力意志论和永恒轮回说出发提出了他的超人哲学，这是他哲学中的一个最重要主题。他妄言，超人是可以弘扬整整一千年人类生存的人，超人高于普通人，犹如人高于动物。他主张以超人哲学取代基督教。他批评基督教"弃强就弱"，其博爱观念是人类自怯的表现。超人哲学则是"弃弱就强"，并认为极恶对超人的至善来说是必要的。他认为，崇拜基督教是一种违反生命的罪行，因为基督教轻视原始的生命本能，欺骗地创造了"灵魂""精神"来压制肉体，发明出"来世"或"真正世界"的观念，是为了不让任何目的、任何意义、任何事业留给我们这个地球上的现实世界。他说，上帝不是别的，只是一个粗暴的命令，即：你不要思想！尼采从自我意识出发，提出"上帝死了"的口号，否定基督教和上帝。

尼采断言人类的全部历史都是由天才创造的，认为人类生存的目的在于产生伟大的人物。他还把人类历史描绘为强者（主人）和弱者（奴隶）这两个种族之间的永恒斗争。他鼓吹战争，把战争看作是复兴人类的手段。尼采既反对民主主义，又反对社会主义和无产阶级革命运动，认为对付日益高涨的革命运动的最可靠措施，就是建立新的"地球主人"所主宰的暴虐的专政。他的思想被后来的法西斯主义所利用和吸收，他本人也被法西斯主义者尊为思想先驱。

伦理思想 尼采的伦理思想继承了叔本华的非理性主义和唯意志论思想，并从其"权力意志说"出发，建立了西方伦理思想史上第一个非道德主义的理论体系。他认为，人的一切行为和欲望都是由追求权力意志的本能支配的，无限地追求权力是生命的最基本的普遍法则，也是道德的最高目的和价值标准。在他看来，自负、激情、兽性、酒色、冒险以及征服的本能等，都是实现权力意志必需的，而权力意志的满足就是最大的快乐和幸福，就是最高的善。尼采把基督教和人道主义道德抨击为"软弱"，把理性主义伦理学说斥之为"怪诞不经"，把功利主义的"最大幸福论"蔑视为"虚伪"，认为社会主义的平等价值观为"天真梦想"。他认为，一切道德归结起来只有两个基本类型，即奴隶道德（群氓道德）和主人道德（贵族道德）。尼采认为，"奴隶道德"起源于权力意志不能实现的痛苦意识，它以同情和怜悯心为基础，提倡仁爱、正义、和平，使强者和弱者、奴隶和主人平等，因而保护了弱者而损害和压制了强者；"主人道德"则产生于对权力意志满足的得意，它以"无情无义的憎恨"为基础，主张残忍、强暴和冷酷的战争，其基本原则就是弱肉强食，使低级的人、奴隶、群氓服从统治者、强者和贵族的权力意志。强就是善，弱就是恶，只有使强者战胜弱者，才能增强权力意志，隐恶扬善。

尼采鼓吹人生的目的就是实现权力意志，扩张自我，成为驾驭一切的超人。超人是人的最高价值，人之所以有价值就在于他是培育超人的肥料和实现权力意志的工具。而超人则应当蔑视一切传统的道德价值，超然于一切传统善恶标准和道德要求之外，为所欲为，通过伤害和奴役弱者、群氓来实现自我。尼采反对男女平等、婚姻自由、妇女解放，他告诉人们对待妇女的方法就是"别忘了你的鞭子"。

美学思想 尼采的美学思想受叔本华的影响。叔本华认为人生是苦恼，艺术把这一苦恼变成形象，在纯粹的观照中求得解脱。尼采则提出希腊悲剧具有阿波罗和狄奥尼索斯两种精神。阿波罗精神高踞奥林匹斯的神山上，俯瞰宇宙人生，把它当成一个梦境和意象去玩赏。希腊的雕刻和史诗，就是阿波罗型的艺术。狄奥尼索斯精神则是酒神的酩酊大醉，它在狂歌醉舞中忘记了人生的苦恼，从而感到生命的酣醉和欢悦。希腊的舞蹈和音乐，就是狄奥尼索斯型的艺术；而希腊的悲剧，则诞生于两种精神的结合。一方面，它是动的，像音乐一样，是苦闷从内心发出的呼号；另一方面，它又是静的，像雕刻一样，是一种光辉的形象。就在这二者的结合中，希腊悲剧在阿波罗的形象中拯救了狄奥尼索斯的痛苦；一些悲剧英雄如俄狄浦斯、普罗米修斯等，也从痛苦中得到提高。真正的悲剧精神就是用最大的痛苦去换取最高贵的人生，"崇高来自于对恐怖的克服"。像这样的悲剧，纯凭直觉，与理智无关。一旦当苏格拉底的理性主义和"具有苏格拉底美学观点的诗人"欧里庇得斯出现，希腊的悲剧就衰落，让位给喜剧诗人阿里斯托芬。因此他认为科学与道德阻碍生活，艺术则发扬生活、肯定生活。

赫尔岑

俄国革命民主主义者，民粹主义的创始人之一，唯物主义思想家、作家。

生平和著作　赫尔岑出生于莫斯科一个贵族家庭。少年时受先进思想的影响，渴望自由，憎恨农奴制，崇敬十二月党人。1825年沙皇尼古拉血腥镇压十二月党人的起义后，他与战友 H.П.奥加辽夫（1813—1877）一同起誓，要给死难烈士报仇，决心继承起义者的事业，献身于反对农奴制和沙皇专制主义的斗争。1829年秋进莫斯科大学数理系学习，1833年毕业，获硕士学位。1834年因被控与"国事犯"有来往，有"对社会有极大危害性的大胆的自由思想"而被捕。1835年被流放。1840年初回到莫斯科。1841—1842年再度被流放。在流放期间，赫尔岑的革命思想得到了进一步的发展。1842—

1847年初，他在莫斯科从事创作活动，在当时最进步的杂志《现代人》和《祖国纪事》上发表了许多政论文章、哲学论文和文学作品。到40年代中期，他已基本上由一个贵族革命家转变为革命民主主义者。他的后半生是在西欧度过的。1847年，他因感到国内没有言论自由而迁居法国巴黎。他参加了意大利人民1847年底—1848年初举行的罗马大游行和法国人民1848年举行的巴黎示威游行，因而被法国当局驱逐出境。于是他全家迁往瑞士，并于1850年加入了瑞士国籍，还加入了沙特尔村的农民协会。1852年8月，他来到伦敦。在这里他创办了"自由俄罗斯印刷所"，专印宣传用的俄文刊物。后来，他与奥加辽夫一起在伦敦出版了期刊《北极星》（1855—1869）和《钟声》（1875—1867）。在1861年以前，他对革命民主主义思想曾一度发生动摇，脱离民主主义而转向自由主义。但是，民主主义毕竟还是在他身上占了上风。列宁指出："赫尔岑不能在四十年代的俄国内部看见革命的人民，这并不是他的

过错，而是他的不幸。当他在六十年代看见了革命的人民时，他就无畏地站到革命民主派方面来反对自由主义了。……他举起了革命的旗帜。"赫尔岑在《钟声》上发表了许多长篇的专论和杂文小品，极力鼓吹农民的解放，揭露农奴主和沙皇官吏，宣传社会主义思想。1862年，他和奥加辽夫、车尔尼雪夫斯基一起组织了"土地与自由社"。1863年，他支持了波兰人民反对沙皇制度的武装起义。1869年，他与无政府主义者M.A.巴枯宁决裂，并把自己的视线转向马克思所领导的第一国际。他这时才在工人阶级身上看到了未来社会的希望。1870年，他因患肺炎逝世于巴黎。主要著作有：《科学中华而不实的作风》（1842—1843）、《自然研究通信》（1844—1845）、《来自对岸》（1850）、《致敌人的信》（1864）、《致老友书》（1869）、《往事与随想》（1861—1867）等。

唯物主义思想的形成和确立　赫尔岑是一个唯物主义哲学家，不过，他的哲学思想经历了一个曲折的演变过程。他在大学

125

时期写的《论人在自然界中的地位》（1832）等著作中，就已企图用唯物主义观点去说明自然科学问题，并开始反对唯心主义。在被监禁和流放期间，他却有时流露出早在童年时代就已接受了的宗教唯心主义情绪。对18—19世纪自然科学成就的研究以及对西欧17至18世纪唯物主义哲学和德国唯心主义哲学的研究，使他回到了对自然界和思维的唯物主义观点。费尔巴哈的名著《基督教的本质》使赫尔岑的唯物主义和无神论观点得到了进一步的巩固。他在1842年读了这本书后，着手撰写他的名著《科学中华而不实的作风》，表明他已基

本上形成了唯物主义的世界观。而在另一本主要哲学著作《自然研究通信》中，他已坚决地站到哲学唯物主义的立场上。他指出，自然界的事物和现象具有不依赖于人的独特的性质；在没有人的时候，它们就已经存在了；在人出现的时候，它们与人也没有关系；它们永无止境；它们不断地在各处产生、出现和消失。意识是由自然界派生出来的，是自然界发展到高级阶段的产物。赫尔岑反对黑格尔及其信徒们把自然界和历史看成是应用逻辑学的唯心主义观点。他指出，自然界既不是根据某种神的理性的预先决定，也不是根据逻辑的先天规律发展起来的，而是相反，逻辑及其范畴乃是自然界和历史的客观规律的反映。思维的规律是被意识到的存在的规律。在认识论方面，赫尔岑也坚持了唯物主义原则。他肯定认识来源于自然事物对人类感觉器官的作用，如不借助于感觉就不可能认知被认识的东西；感觉是认识上的起点。他强调指出，真实的世界无疑是科学的基础；不依据自然，不依据事实的科学，正是华而不实

的人的虚无缥缈的科学。他既不同意笛卡尔学派的抽象的唯理论，同时又认为完全否定理性思维作用的经验论是片面的、错误的。在他看来，感觉经验和理性思维是不可分割的。他反对不可知论，确信世界是可以认识的。他相信人类能够一部分一部分地逐渐接近真理。但是他一方面承认理性是真理的标准，另一方面又肯定说，不仅可以用思维来检验真理，也可以用存在来检验真理。

列宁指出，赫尔岑是"超过黑格尔而跟着费尔巴哈走向了唯物主义"的。但与费尔巴哈不同，他没有抛弃黑格尔的辩证法。他领会了黑格尔的辩证法。他懂得辩证法是"革命的代数学"。他的唯物主义世界观贯彻着对世界的辩证的看法。在他看来，自然界和人类思维本身都是处在经常变化发展过程中的。在人类历史上，革新与保守的斗争是不可避免的；新兴力量与衰朽力量的斗争造成了"历史的运动"。他强调指出，对立面的斗争将导致新东西对旧东西的辩证的否定，而事物的发展就是通过这种否定而实现的。他对那些鼓吹"跟现实妥协"的自由派进行了尖锐的批判。他也批判了黑格尔哲学的唯心主义的保守体系，认为是狭小的和思辨的。他已经看到了黑格尔哲学中所包含着的革命辩证原则和保守唯心主义体系之间的矛盾，并进一步指出了这种矛盾现象产生的阶级根源。他指出，"尽管黑格尔的天才是非常巨大而有力，可是他毕竟也是一个人；在用迂回曲折的语言发表意见的时代里，他怕把话简单明了地说出来，因为他不敢前进到自己的原理的最后结果；对于不惜一切地、彻底地接受全部真理，他还缺少英雄的气概"。

赫尔岑站在唯物主义立场上批判唯心主义，探讨和阐发了许多辩证法思想原理，这是他的历史功绩之一。然而赫尔岑的唯物主义观点是不彻底的，他的辩证法思想是不系统的，而且他也未能把辩证法和唯物主义彻底地、有机地结合起来，未能建立起辩证唯物主义这一科学的世界观。

社会历史观 赫尔岑在社会历史观方面是一个唯心主义者。他把意识或科学提到社会生活的首位，把它们看作是社会发展的决定性因素。他重复西欧资产阶级启蒙学者"个性解放"的老调，把人类历史的发展进程看作是人的个性不断解放的过程。不过，他在社会历史观方面也提出过一些有价值的、积极的思想。例如，他看到了社会上存在着阶级和阶级斗争现象，并证明了暴力革命的必然性；他驳斥了自由派提出的关于"普遍的爱和调和"的原则，对进步人士发出了要恨敌人的号召。

赫尔岑是"俄国社会主义"即"民粹主义"的创始人。他把农民连带土地的解放，把村社土地占有制和农民的"地权"思想看作"社会主义"。他既看到了农奴制度的反动，又看到了资本主义制度的弊病，因而他既反对农奴制度，又反对资本主义制度。他热切希望俄国能够跳越资本主义发展阶段而进入社会主义。他看不到农民革命的资产阶级性质，认为俄国的农民革命可以直接引导到社会主义社会。他把俄国的农民理想化，把实现社会主义的希望寄托在他们身上；他把

俄国特有的农民村社理想化，把它当作是实现社会主义的桥梁。因此，他的社会主义只能是空想的社会主义。列宁指出："赫尔岑的这一学说……是没有丝毫社会主义气味的"，它只能是"一种表示俄国的资产阶级农民民主派的革命性的富于幻想的词句和善良愿望"。

影响　赫尔岑是19世纪中叶俄国批判现实主义文学的优秀代表之一。作为一位具有革命民主主义思想的现实主义作家，他坚决反对"纯艺术"理论和不问政治、无思想性的倾向。他强调文学的人民性和现实主义，强调文学应为社会服务，强调艺术同生活的联系。他那些不朽的优秀文学作品，如：《谁之罪？》《偷东西的喜鹊》《克鲁波夫医生》等，都是控诉反动农奴制度的批判现实主义的代表作。

列宁在《怎么办？》一书中称赫尔岑是俄国社会民主主义的前驱者之一。在赫尔岑诞生100周年时，列宁写了《纪念赫尔岑》，对他作了全面的评价，确定了他在俄国革命史上的历史地位，认为赫尔岑是通过向群众发表自由的俄罗斯

言论，举起伟大的斗争旗帜来反对沙皇君主制度的第一个人。

列 宁

世界无产阶级革命导师，苏联共产党和国际共产主义运动的领袖，苏维埃国家的创始人。生于俄国辛比尔斯克（今乌里扬诺夫斯克）一个进步知识分子家庭，卒于莫斯科附近哥尔克。原姓乌里扬诺夫。父亲是省国民教育视察员，母亲是医生的女儿，大哥亚历山大是民意党人，因谋刺沙皇被处绞刑。

早期革命活动 1887 年，列宁中学毕业，进喀山大学法律系学习，因参加学生运动被捕，流放到喀山附近的柯库什基诺村。1888 年回到喀山，开始学习马克思，恩格斯著作，成为喀山马克思主义小组的积极分子。1889 年举家迁居萨马拉（今古比雪夫）。1891 年以校外生身份通过彼得堡大学法律系国家

考试，获优等毕业文凭，取得律师助手资格。在萨马拉期间，组织了当地第一个马克思主义小组，一面学习和宣传革命理论，一面进行农村调查。

1893 年，列宁移居彼得堡，很快成为当地马克思主义者公认的领袖人物，为在俄国建立一个无产阶级革命政党做了大量工作。1894 年写成《什么是"人民之友"以及他们如何攻击社会民主主义者》一书，对自由主义民粹派的经济政治理论、特别是唯心主义世界观进行全面批判，揭露他们冒充"人民之友"，实际上是富农利益的代表，并论述无产阶级的历史使命，第一次提出工农联盟思想。与此同时，对合法马克思主义进行了批判。1895 年，把彼得堡各马克思主义小组统一起来，建立工人阶级解放斗争协会，是俄国以工人运动为基础的革命政党的萌芽，标志着科学社会主义与俄国工人运动开始结合。同年，列宁到瑞士、巴黎和柏林住了近 4 个月，了解法德工人运动，会见普列汉诺夫及劳动解放社的成员，建立解放社与俄国工人运

动的联系。12月,在彼得堡被捕入狱。1897年2月被流放到东西伯利亚。1899年在流放地完成《俄国资本主义的发展》一书,分析俄国资本主义产生和发展的历史必然性及其内在矛盾,指出俄国不可避免地要发生资产阶级革命和无产阶级在这次革命中的领导作用,从而彻底清算了民粹派的错误理论。

1900年2月流放期满,列宁在同俄国各地最主要的社会民主党小组和党的工作者建立联系之后,于7月17日动身去德国,开始5年的政治侨居者生活。12月,与普列汉诺夫共同创办全俄第一张马克思主义的政治报纸《火星报》,并写了《中国的战争》,谴责沙皇俄国侵略中国、镇压义和团运动的罪行。1902年写成《怎么办?》一书,论述怎样组织工人革命政党,批判伯恩斯坦修正主义及其俄国变种经济主义,指出其主要根源在于崇拜工人运动自发性,揭示社会主义理论必须从外面灌输给工人这一重要原理,强调"没有革命的理论,就不会有革命的运动",为建党奠定了思想基础。

建立新型无产阶级革命政党 1903年7—8月,出席俄国社会民主工党第二次代表大会。经过激烈斗争,大会通过国际共产主义运动史上第一个以争取无产阶级专政为基本任务的党纲。在会上当选为党的机关报《火星报》编委和党的总委员会委员。由于在党的组织原则上的分歧,会上形成拥护列宁的布尔什维克派和拥护 L. 马尔托夫的孟什维克派。1904年,写成《进一步,退两步》一书,批判孟什维克在组织问题上的错误观点,全面阐述关于无产阶级政党的学说,指出党是无产阶级先进的、有组织的、有统一意志、行动和纪律的部队。1905年1月,在日内瓦创办的布尔什维克报纸《前进报》出版。4月,主持在伦敦召开的党的第三次代表大会,当选为中央委员。7月发表《社会民主党在民主革命中的两种策略》一书,批判孟什维克在俄国第一次资产阶级民主革命中的机会主义策略路线,指出无产阶级掌握革命的领导权,并与农民建立同盟,是革命胜利的重要保证,取得革命胜利的手段是武装起义，革命胜利以后必须建立工农民主专政并立即向社会主义革命过渡。11月，从国外返回彼得堡，直接领导俄国1905年革命。1906年4月和1907年5月出席党的第四次（统一）和第五次代表大会。在"五大"上被选为中央委员。

1907年8月，出席第二国际斯图加特大会。这是列宁第一次参加国际代表大会。在会上，同各国党的左派一起在关于军国主义和殖民地等问题上与修正主义者进行斗争。12月，再次流亡国外。1908年写成《唯物主义和经验批判主义》一书，批判形形色色的主观唯心主义。在革命低潮时期，同党内的取消派、召回派进行斗争，坚持合法斗争与秘密斗争相结合的策略原则。1910年出席第二国际哥本哈根大会，在合作社与党的相互关系问题上捍卫无产阶级革命路线。1912年1月，领导在布拉格举行的党的第六次代表会议。会议决定将孟什维克驱逐出党。从此布尔什维克成为一个独立的无产阶级革命政党。

工人阶级解放斗争协会领导人合影（左起第4人为列宁）

夺取十月社会主义革命的胜利

第一次世界大战期间，列宁侨居瑞士，领导布尔什维克党坚持马克思主义关于革命和战争的理论与策略，坚持无产阶级国际主义，对社会沙文主义进行斗争，提出"变帝国主义战争为国内战争"的革命口号。同时积极团结各国党的左派，为建立新的国际准备条件。在1915年发表的《论欧洲联邦口号》一文中，通过分析资本主义发展不平衡的规律，科学地提出了"社会主义可能首先在少数或者甚至在单独一个资本主义国家内获得胜利"的重要论点。1916年在《帝国主义是资本主义的最高阶段》一书中全面分析帝国主义的本质、特征和基本矛盾，揭示它的产生、发展和灭亡的客观规律，指出帝国主义是无产阶级社会革命的前夜，彻底批判考茨基在这些问题上的谬论。

1917年俄国二月革命后，列宁于4月回到彼得格勒，发表《四月提纲》，提出从资产阶级民主革命过渡到社会主义革命的方针和"一切政权归苏维埃"的口号。七月事件后为了躲避临时政府的搜捕，转入地下，并在秘密状态下领导党的第六次代表大会。9月，写成《国家与革命》一书，论述国家的起源、本质和消亡的经济基础，揭示共产主义社会两个阶段的基本特点，指出无产阶级必须打碎旧的国家机器，建立无产阶级的政权，特别强调在从资本主义到共产主义的整个过渡时期必须坚持无产阶级专政。他在给中央委员会的信中指出，武装起义夺取政权的时机已经成熟。10月20日秘密回到彼得格勒，准备发动武装起义。1917年11月7日（俄历10月25日），领导彼得格勒十月武装起义取得胜利。翌日，在全俄第二次苏维埃代表大会上作了关于《和平法令》和《土地法令》的报告，并当选为苏维埃俄国人民委员会主席。

巩固苏维埃政权和建设社会主义

十月社会主义革命胜利以后，列宁为巩固新生的苏维埃政权和组织社会主义经济建设进行了激烈而艰苦的斗争。1918年3月，在排除党内外的破坏干扰以后，与德国签订《布列斯特－立陶夫斯克和约》，退出了帝国主义战争，使苏维埃国家取得暂时的和平喘息时机。在《苏维埃政权的当前任务》（1918年4月）等文章中，提出恢复国民经济和建立社会主义经济基础的纲领和措施，指出要提高劳动生产率，必须发展重工业，提高群众的文化水平，加强劳动纪律，改善经营管理，并且利用资产阶级专家和资本主义的先进技术。

1918年7月，俄国进入苏俄国内战争时期。11月，列宁任工农国防委员会主席。1918—1920年，领导全党和全国人民胜利地击退14个资本主义国家的武装干涉

和国内反动阶级的叛乱，使第一个社会主义国家巍然屹立在世界上。1918年8月，遭社会主义革命党人反革命分子暗害，身受重伤，在疗养期间仍不断关心党和国家的大事。11月写成《无产阶级革命和叛徒考茨基》一书，揭露第二国际机会主义者对无产阶级专政的诋毁和诽谤，批判考茨基关于"纯粹民主"等谬论，指出民主和自由的阶级实质和实行无产阶级专政的必要性。同时，阐明民主与专政的辩证关系，指出无产阶级对敌人专政并不消灭本阶级内部的民主，正是无

1919年5月25日列宁在莫斯科红场上向群众发表演说

产阶级民主才是最大多数人的民主和最高类型的民主。列宁认为，苏俄社会主义改造的胜利是同各国无产阶级、被压迫人民的斗争分不开的，因而十分重视国际共产主义运动和殖民地民族解放运动的开展。

1919年3月，列宁主持第三国际成立大会。亲自领导了第三国际的前四次代表大会。在1919年8月俄共（布）第八次代表大会上，通过以列宁为首的委员会起草的新党纲。1920年5月写成《共产主义运动中的"左派"幼稚病》一书，总结布尔什维克党的历史经验，针对当时西欧一些国家成立不久的共产主义政党内部的"左"倾思潮，阐明马克思主义一系列重要策略原理，强调革命原则性应与策略灵活性结合起来，才能保证革命无往而不胜。

国内战争结束后，立即领导全党把工作重点转移到组织社会主义建设方面。1920年12月，列宁在苏维埃第八次代表大会的报告中提出"共产主义就是苏维埃政权加全国电气化"的口号。1921年，为了探索在小农经济占优势的国家里

向社会主义过渡的道路，提出以新经济政策代替战时共产主义政策。在1921年3月党的第十次代表大会的报告中，对新经济政策作了理论上和政治上的论述。这次代表大会还通过了列宁起草的《关于党的统一》的决议。会后，在《论粮食税》（1921年4月）等著作和报告中进一步提出新经济政策的主要内容是以粮食税代替余粮征集制，实质上是在一定程度内允许私营经济存在，利用商品倾向关系来恢复和发展工农业之间的经济联系，以逐步建立社会主义的经济基础。同时，他为苏维埃国家制定和平共处的外交政策，并来自领导这方面的活动，使新生的社会主义国家摆脱孤立状态。

1922年5月患脑出血症。12月病情开始加重。在病中口授《日记摘录》《论合作制》《论我国革命》《宁肯少些，但要好些》等文章和信件，拟订在苏俄建设社会主义的计划，特别强调要建立社会主义的物质技术基础，加强工农联盟，改革国家机构，反对官僚主义，提高人民群众的文化水平，保持党的统

一和民族团结。1923 年病情恶化。次年与世长辞。列宁的一生是伟大的无产阶级革命家的一生。他继承并发展了马克思、恩格斯的思想和事业，在新的历史条件下全面地发展了马克思主义，创立了列宁主义。